Anselm Grün

ANHELOS QUE GUÍAN

para realizar tu plan de vida

Bonum

Colección: Anselm Grün

Título original: *Lebensträume. Wegweiser zum Glück*
©Vier-Türme GmbH, Verlag, Münsterschwarzach, 2009.

Grün, Anselm
 Anhelos que guían . - a ed. - Buenos Aires

Traducido por: Inés Belluscio

 1. Espiritualidad. 2. Autoayuda. I. Belluscio, Inés , trad. II. Título

Primera edición: julio de 2010.

Traducción: Inés Belluscio
Diagramación: Cecilia Ricci
Supervisión: Carolina Schindler

Índice

=>

Introducción

= >

Todos hemos tenido sueños de vida a lo largo de nuestra infancia y juventud. Imaginamos cómo se desarrollaría nuestra vida: abrazar una profesión, fundar una familia, construir para ella una bella casa y hacer grandes cosas por los demás, a fin de que nuestra vida sea una bendición para todos. Algunos de estos sueños se hicieron realidad y otros resultaron ser pura ilusión. De todas maneras, nuestros sueños de vida fueron siempre un motor para avanzar y buscar nuestro lugar. Nos impulsaron a trabajar sobre nosotros mismos, desplegar nuestras capacidades y apuntar a lo más grande. Tanto más doloroso resulta, entonces, cuando estos sueños se esfuman como pompas de jabón. Estallaron y ya nada queda de ellos. Algunas personas anhelan aquellos sueños no realizados y sienten que su vida fracasó. Todo sucedió de un modo muy diferente del que habían pensado. Los sueños incumplidos se convierten a menudo en un velo gris que cubre la vida, y para escapar de la desilusión recurrimos a rutinas vacías. Estamos permanentemente ocupados, pero de esta manera sólo escondemos la realidad de que pasamos de largo por nuestra vida y nuestros sueños.

En este libro quisiera ahondar en los diferentes tipos de sueños de vida y señalar caminos para poder manejarlos sin que debamos, simplemente, resignarlos por no haberse realizado del mismo modo que esperamos cuando éramos niños. No importa si nuestros sueños se hicieron realidad o no, es provechoso mirarlos nuevamente a la cara, enfrentarlos y preguntarnos qué significado pueden tener en nuestra situación actual. Quizás hasta vuelvan a conectarnos con nuestras propias raíces.

Los sueños de vida son diferentes de los sueños nocturnos. Pero muchas veces guardan una cierta relación con ellos. A veces soñamos con formas que se corresponden con la imagen original que Dios hizo de nosotros. Soñamos que somos reyes, soldados, médicos o sacerdotes. Ésas son figuras arquetípicas que aparecen en nuestros sueños y ponen en evidencia qué es lo que yace en nuestra alma. Nos remiten a nuestras posibilidades y capacidades.

Por medio de este libro quisiera invitarte a que dirijas tu mirada a tus propios sueños de vida, a fin de que ésta florezca ahora y llegues a convertirte cada vez más en aquel o aquella que eres desde Dios. Quieran los sueños de vida conducirte desde lo superficial hasta la hondura, a tu verdadera esencia. Para entrar en contacto con los propios sueños de vida es imprescindible trasladarse a la infancia, puesto que fue allí donde ellos surgieron.

En un seminario de dirección de organizaciones, uno de los participantes preguntó por qué muchos gerentes fruncen sus narices ante la propuesta de abocarse a la infancia. Ellos creen que eso es algo infantil, y que deben ocuparse de los problemas actuales. Sin embargo, a menudo tengo la impresión de que cercenan sus propias raíces. No toleran mirarse a la cara y aprender de ello, pues están tan identificados con su rol actual que remontarse a su niñez representa una amenaza. Bastante a menudo observo también que, si bien trabajan con un alto grado de compromiso, su energía se agota rápidamente porque no se nutren de su fuente interior.
Ocuparse de los sueños de vida significa volcarse hacia esa fuente interior en la que podemos abrevar. Es la fuente que Dios nos ha regalado a cada uno de nosotros
en particular.

Capítulo 1

=>

Diferentes sueños de vida

El padre de una niña de nueve años me contó que su hija había llorado mucho al ver por televisión el casamiento de una princesa, pues ella también quería ser princesa. La figura de la princesa es una imagen arquetípica. En ella se expresa que esta niña quiere descubrir el valor de su propia belleza. En cada uno de nosotros se esconde una imagen arquetípica de príncipe o princesa, rey o reina.

Hay gran variedad de sueños de vida. En la niñez soñamos con una determinada profesión, mediante la cual creemos que podremos desplegar nuestras capacidades y realizar una contribución relevante a la configuración de este mundo. Con frecuencia soñamos con la profesión de nuestro padre o madre; queremos ser como nuestro padre porque vemos cómo su progreso lo hace feliz. Si abrazamos la misma profesión que alguno de nuestros progenitores, es porque existe un deseo implícito de ser como ellos. Padre y madre se vuelven para nosotros figuras de identificación. Sentimos que tenemos sus mismas raíces y entonces queremos arraigarnos en la misma profesión. Quisiéramos llegar a ser iguales a la imagen que tenemos de ellos.

En ocasiones, sin embargo, nuestras aspiraciones profesionales son totalmente diferentes de las de nuestros padres. Nos fascina algo de una determinada profesión y suponemos que así haremos algo significativo en este mundo y colaboraremos para que sea mejor.

Cuando era niño siempre soñaba con ser albañil. Nací en 1945. Nuestra casa en las cercanías de Munich había sido dañada por los bombardeos. En el deseo de ser albañil yacía el de hacer que mi casa fuera un lugar habi- table nuevamente, reparar los daños y sanar las heridas. Pero al mismo tiempo estaba allí el deseo de lograr algo nuevo. Entonces, cuando tenía alrededor de siete años, se me ocurrió hacer un estanque. Fui a ver a un constructor que conocía de la parroquia y le rogué que me diera una bolsa de cemento, con la que construí el estanque. Probé sencillamente mezclando cemento con arena y obtuve una mezcla firme. Cuando hoy me acuerdo de aquello, puedo sentir todavía la pasión con la que puse manos a la obra. Allí se expresó algo fundamental: la fantasía de dar forma, de concretar una idea, de construir algo.

Otro de mis deseos profesionales era ser panadero. Como niño criado en la posguerra, me encantaba comer tartas o postres, y en esos tiempos apenas se conseguía algo dulce en los días festivos más importantes. Pensé que, siendo panadero, nunca me faltaría algo dulce para comer. Quizá deseaba endulzar mi vida y la de los demás. Por más que se trate de deseos infantiles, aún hoy dicen algo fundamental acerca de mí. Si bien estoy feliz de no haber elegido ninguna de esas profesiones en concreto, en tanto imágenes conservan aún hoy su significado. Dedicaré un capítulo a describir la manera en que podemos asumir en el presente esa clase de inclinaciones profesionales.

Un joven ansiaba ser maquinista de tren. Estaba maravillado con su padre, que conducía locomotoras. Cuando veía que él ponía en movimiento la larga formación de vagones, sentía dentro de sí una fortaleza que jamás hubiera imaginado. En ese anhelo profesional, no yacía solamente el deseo de imitar a su padre, sino también el anhelo de contar con la fuerza suficiente para poner algo en movimiento, concretar algo grande y configurar su propia vida.

Una niña quería ser peluquera como su madre. Junto a la admiración que le provocaba su habilidad y el ansia de identificarse profesionalmente con ella, sentía también el anhelo de belleza, de embellecerse a sí misma y a los demás. Todos estos deseos profesionales nos ponen en contacto con nuestras capacidades y nuestro anhelo de una vida plena, de llevar a cabo una tarea que tenga sentido para configurar este mundo y hacerlo más humano, más bello y luminoso.

Otra clase de sueños de vida se expresa en la fascinación que ejercen ciertos cuentos, piezas teatrales o historias bíblicas. A menudo los cuentos describen temas de nuestra vida y nos permiten vislumbrar nuestro pro- ceso de humanización *(Menschenwerdung)*. Por eso, en ocasiones nos identificamos con los héroes de los cuentos. Al igual que ellos, queremos dominar nuestra vida y llegar a la meta habiendo sorteado todos los peligros. Cuando en algunas conversaciones indago acerca del cuento preferido en la niñez, a menudo la respuesta es: "Caperucita Roja". Precisamente las mujeres se identifican con esta niña a la vez inocente y sagaz. Allí está condensado su sueño de quedar a salvo de todos los peligros del mundo y recorrer su camino en la transparencia y el amor.

Un hombre me contó que cuando era niño sentía admiración por el personaje del bandido Saltodemata[1], que se compadecía de los pobres y los ayudaba. Evidente- mente, esta figura despertó en él, aún niño, una inquietud que tuvo suma trascendencia en su vida: puedo ayudar a otros y no estoy sometido a las normas que se me im- ponen. Decido por mí mismo qué rumbo dar a mi vida. Tomo de aquello a lo que otros se aferran y se lo entrego a quienes lo necesitan, y así coopero para remediar las injusticias de este mundo. Y soy libre para actuar: no me ciño a las normas prescriptas.

Ciertas figuras bíblicas como David, vencedor del gi- gante Goliat, cautivan a muchos. Esta admiración expresa el ansia de superar el poder inmenso de los otros, más allá de todas nuestras flaquezas, y vencer a aquel que pone obstáculos en nuestra vida.

Los niños miran deslumbrados el teatro de marionetas. También aquí se hace evidente la fascinación

---

1   El bandido Saltodemata, *Der Räuber Hotzenplotz* en el original, es un personaje creado por el laureado escritor alemán de origen bohemio Otfried Preussler, célebre por sus obras de literatura infantil y juvenil (N. del T.).

que ejerce en ellos la figura del Kasperle2. Su apariencia exterior es de debilidad y su aspecto es cómico. Pero al final supera todas las amenazas exteriores, incluso la del demonio, que los niños tienden a relacionar de manera inconsciente con las amenazas interiores. Los triunfos de la vida se representan de manera jocosa. Hay una cierta ligereza en el modo en que Kasperle acaba con todos y cada uno de sus enemigos. En consonancia, los niños anhelan llevar adelante su vida y que ésta tenga algo de esa facilidad con la que Kasperle enfrenta todas las difi-cultades que a veces sobrevienen del exterior.

---

2   Kasperle es el nombre de un personaje del teatro de títeres europeo clásico, de origen austro-húngaro, difundido en todo el continente, y que tomó diferentes nombres en diversas lenguas. Algunos autores lo identifican con el "Polichinela" de la comedia del arte. Su carácter es campechano y simple, pero es también burlón y batallador (N. del T.).

El padre de una niña de nueve años me contó que su hija había llorado mucho al ver por televisión el casamiento de una princesa, pues ella también quería ser princesa. La figura de la princesa es una imagen arquetípica que expresa la inquietud de la niña por descubrir su propia belleza y valía. En cada uno de nosotros se esconde una imagen arquetípica de príncipe o princesa, rey o reina. Cuando se nos habla de ello en la niñez, nos ponemos en contacto con nuestras propias posibilidades.

Las imágenes arquetípicas nos sitúan en nuestro centro, ayudándonos a descubrir nuestro verdadero sí-mismo *(Selbst)* y a reconocer la propia dignidad. No somos solamente niños pequeños: llevamos dentro algo grande, algo potente, bello e infinitamente valioso. Las imágenes arquetípicas nos muestran el potencial que yace latente en nuestra alma, y generan en nosotros una fuente inagotable de energía.

A menudo los niños actúan sus sueños de vida en el juego. Un niño construye una casa o una ciudad entera con bloques de Lego. Quiere dar forma a algo en su vida, construir un lugar en donde los seres humanos puedan habitar. Una niña juega entusiasmada con muñecas. En el modo de jugar se expresa a menudo su sueño de vida. La pequeña hace las veces de padre, madre, hija e hijo: se trata del sueño de formar una familia. En algunas ocasiones es una reproducción del modelo de familia en el que se siente protegida. Al igual que papá y mamá, ella quiere fundar una familia. Muchos ya imaginan cuando son niños cuántos hijos desearían tener. Otra niña juega a la vendedora; las muñecas van a comprar lo que necesitan para comer. No es sólo el empleo de vendedora lo que a veces está presente, sino también el deseo de nutrir y cuidar a los demás. En estos juegos también se revela el sueño de querer ayudar. Una niña debió ocuparse de su hermana menor desde muy pequeña. Esto le divertía tanto que decidió ser maestra jardinera. Lo que sabemos hacer especialmente bien o nos entusiasma mucho cuando somos niños se vuelve, a menudo, un sueño de vida.

Muchas veces en el juego los niños se olvidan de sí mismos. Olvidan el tiempo, se abocan simplemente a jugar y, en última instancia, expresan sus propias posibilidades. De alguna manera exhiben lo que hay en sus almas. Uno construirá por medio del juego un mundo propio en el cual establecer sus propias normas. Así expresa el anhelo de que el mundo no nos es simplemente dado, que no debemos ajustarnos a lo establecido, sino que estamos en condiciones de configurarlo nosotros mismos. Construimos un mundo propio con nuestra vida. Los varones se entusiasman jugando con soldados. Muchos padres temen que se vuelvan agresivos, pero lo que se pone allí en evidencia es el deseo de protegerse, de no quedar indefenso y a merced del poder enemigo. En el juego los niños expresan su sueño de una vida plena, se conectan con sus propias capacidades y posibilidades.

Hay muchos niños que juegan solos y se entregan a su propia fantasía. Otros, en cambio, prefieren jugar en

compañía. En ese caso existen reglas de juego estableci-
das: por ejemplo, el juego del "poliladron". Pero también
hay reglas de juego que los niños se dan a sí mismos, y así
sociabilizan. Se alegran de estar juntos y experimentan la
protección del grupo. También expresan así que en el
futuro darán valor a la vida comunitaria, que desean trabajar con otros, que quieren vivir en una comunidad que
les brinde sostén y protección en este mundo.

Durante las vacaciones de nuestra niñez no hacíamos
más que jugar. Nuestra fantasía no se agotaba jamás para
inventar algún juego, modificar en algo sus reglas o dar
rienda suelta a nuestra imaginación. A menudo era el
juego de las escondidas. Unos se escondían y otro debía
hallarlos. Mis hermanas menores se lamentaban porque
siempre las encontrábamos, o bien porque cuando era
nuestro turno de escondernos no podían hallar nuestro
escondite. Y entonces cambiaban las reglas a su gusto y
simplemente dejaban de buscarnos. Todavía me acuerdo
bien de la desilusión de mi hermano cuando, desde su
escondite, descubría que ya nadie lo estaba buscando.
Este era el modo en que mis hermanas expresaban sus
posibilidades. No tenían probabilidad alguna de ganarnos
a nosotros, los hermanos mayores. Entonces se retiraban
y así descubrían su capacidad de sustraerse al poder
desmedido de los demás y desarrollaban reglas de juego
propias en las que sí pudieran poner de manifiesto sus
capacidades. De esa forma lúdica descubrían su sueño de
vida, el de poder dar ellas mismas forma a su vida

–siguiendo sus propias ideas– y delimitarse frente a las expectativas de los demás, para vivir su propia vida.

Otra clase de sueños de vida se expresa cuando soñamos despiertos. Imaginamos cosas. Nos ponemos en el rol de héroe o en el de amante. La mayoría de las veces estos sueños constituyen una huida de la realidad. Como no tenemos amigos, nos imaginamos rodeados de muchos amigos o con una novia que nos ama. O com- pensamos por medio de estos sueños nuestra sensación de pequeñez y complejo de inferioridad. Muchas veces los niños se refugian en estos sueños porque la realidad es demasiado trágica para ellos. Incluso en algunos casos ya no pueden distinguir entre sus sueños diurnos y la realidad. De este modo, se produce una huida patológi- ca. Pero normalmente este tipo de sueños cumple una función positiva. El niño puede sustraerse del mundo y construir uno propio. A menudo se trata de un mundo ilusorio, que pone al descubierto que éste no es el úni- co posible; podemos crear nuevos mundos con nuestra fantasía, mundos en los cuales las cosas son diferentes, en donde establecemos contacto con nuestras propias fuerzas y capacidades. Las niñas sueñan con un príncipe que las despierta con un beso. Los varones, por su parte, sueñan con conquistar a una princesa.

Sin embargo, a menudo no se sienten dignos de amor. Son demasiado tímidos para acercarse a una niña. Entonces huyen en su fantasía a una boda de ensueño. Estos sueños pueden ser una huida de la constituyen también un contrapeso. Al menos en el sueño el niño se siente digno de amor. Y la niña, que no siente que su belleza esté a la altura de la de las demás, se experimenta hermosa y atractiva en el sueño.

Me acuerdo que cuando era niño a menudo fanta- seaba con ser arquero de mi equipo de fútbol. Y como buen arquero, atajaba todos los remates. Cuando hoy recuerdo todo aquello, creo que se trataba, en muchas ocasiones, de fantasías de omnipotencia poco sanas que yo actuaba en el fútbol. Pero también se ocultaba allí el deseo de superar la batalla de la vida, de poder vencer y no estar siempre en el bando perdedor. Mi vida debía llegar a buen puerto. Y a través de estos sueños diurnos entraba en contacto con mi autoestima, que muchas veces era incapaz de mostrar.

No obstante, hay niños que no consiguen distinguir entre sus ensoñaciones diurnas y la realidad de su vida; hablan de sus fantasías como si fueran realidad. En par- ticular se observa que los niños que atraviesan una dura crisis interior confunden la realidad con sus sueños. Así, un niño contó en la escuela que sus padres, que estaban separados, habían emprendido un paseo en familia el fin de semana. La maestra se comunicó con la madre y le preguntó si eso era cierto, porque le había parecido poco creíble. Evidentemente, el niño había deseado y soñado aquello con tal intensidad que lo relataba como si fuera cierto. Todos pensaban que mentía. Pero este fenómeno da la señal de que el niño necesita ayuda para poder enfrentar la realidad del matrimonio roto de sus padres y descubrir su propia identidad.

Muchas veces los sueños nocturnos nos ponen en contacto con nuestros sueños de vida. Aunque, por supuesto, son susceptibles de ser interpretados de múltiples maneras. Muchos sueños nos muestran claramente cómo estamos en la actualidad, mientras que otros nos señalan una tarea para nuestra vida. También presentan los temas vitales que nos acompañan a lo largo de toda la vida, o nos dan indicios acerca de nuestra misión en este mundo. Para mí son importantes los sueños en los que mi padre o mi madre fallecidos me han dicho algo. Allí había siem- pre un programa personal para mí. O cuando sueño que debo dictar una conferencia y no conozco el tema. Para mí está claro que se trata de una reformulación de la fe. En ese tipo de escenas descubro mi sueño de vida: explicar la fe de tal manera que las personas la puedan entender. El sueño me pone en contacto con mi verdadera misión, esa que percibo como proveniente de Dios.

El psicólogo y teólogo estadounidense John Brad- shaw relató el caso de un abogado que él acompañaba. Un día soñó que había perdido sus perros y gatos, y este sueño le recordó aquel sueño de vida que tuvo cuando niño: ser médico veterinario. Pero su padre no admitió este deseo y lo obligó a ser jurista. El sueño le había dejado una honda tristeza, y lloró por horas enteras. No obstante, lo estimuló a la vez para ponerse en contacto con su sueño vital originario. Advirtió que mediante su [18] celo profesional en el ámbito del derecho sólo había estado sobreactuando y escondiendo su sueño de vida incumplido. El sueño le había permitido por fin liberar toda esa tristeza y al mismo tiempo lo dotó de una enorme cuota de energía con la que pudo hacer realidad su antiguo sueño. Estudió veterinaria y montó su propia clínica. Su padre estaba desconcertado y sus colegas creían que había enloquecido. Pero la enorme cantidad de energía que lo impulsaba hizo posible concretar su sueño. Hoy está feliz con sus animales.

En su obra *Recuerdos, sueños y pensamientos* (*Erinnerungen, Träume, Gedanken*), Carl Gustav Jung relata un sueño que tuvo a sus cuatro años de edad. Este sueño lo acompañó a lo largo de toda su vida y, finalmente, se convirtió en tema de su investigación psicológica. Jung soñó con una escalera de piedra descendente que se encontraba en una pradera cercana a su parroquia. En el sueño él bajaba las gradas que lo llevaban a lo profundo y se encontraba con un gran cortinado verde. Corría la cortina hacia ambos lados y descubría una sala rectangular de piedra de diez metros de largo que conducía a un trono dorado. En ese trono había una llamativa forma humana, y él temía que esta forma en cualquier momento se moviera en dirección a él. Entonces oía la voz de su madre: "Sí, míralo. Éste es el caníbal". Y Jung se despertó atemorizado.

Para Jung este sueño se convirtió en un sueño vital. Tenía que investigar la hondura del inconsciente. Más tarde se dio cuenta de que se trataba de una forma fálica, que se convirtió para él en el adversario de Cristo, del cual hablaban siempre su madre y su padre, que era pastor evangélico. El mismo Jung, ya anciano, explicaba: "Por medio de este sueño infantil fui introducido en los misterios de la tierra. En ese entonces quedé, por así decirlo, sepultado en la tierra, y pasaron muchos años hasta que resurgí nuevamente. Hoy sé que eso sucedió para llevar la mayor cantidad de luz posible a la oscuridad. Fue como una iniciación al reino de lo oscuro. En ese entonces tuvo también su inicio inconsciente mi vida espiritual."

La pasión con que Jung como psicólogo investigó la profundidad del inconsciente fue alimentada por este sueño infantil. Al fin y al cabo dedicó su vida entera a dar una respuesta a ese sueño. Consideró que su tarea consistiría en reconciliar entre sí a los opuestos: cielo y tierra, espíritu y pulsión, consciente e inconsciente.

Muchos grandes investigadores tuvieron un sueño nocturno en su infancia o bien fueron tras su sueño de vida a través de algún tipo de experiencia fascinante. Así, el estudioso de la ciencia natural y sacerdote jesuita Teilhard de Chardin se sintió atraído por la materia ya a sus siete años. En su obra autobiográfica *El corazón de la materia,* que escribió a los 69 años, frente a la proximidad de su final, recuerda: "Seguramente no tenía yo más de seis o siete años cuando comencé a sentirme atraído por la materia, o más precisamente, por algo 'que se encendía' en el corazón de la materia".

Visto desde el exterior, Teilhard era un joven piadoso. Pero su verdadero yo estaba en otro sitio. Siempre se aislaba y era aficionado a coleccionar hierros. Buscaba algo duradero. Cuando se dio cuenta de que el hierro se oxidaba se volcó a las rocas: cristales de cuarzo o amatista. Por un lado, su madre le había enseñado el amor por Jesús, pero por otro, él como niño se sentía instintivamente atraído por la materia. Uno de sus hermanos jesuitas escribe acerca de esta tensión que Teilhard sentía dentro de sí desde niño y que buscó superar a lo largo de toda su existencia por medio del pensamiento: "Durante toda su vida, el problema y la tarea de Teilhard fueron el de vincular el amor a Cristo con el amor por la tierra, a fin de que la tierra no debiera ser sacrificada en pos de Cristo ni Cristo en pos de la tierra, sino que tanto Cristo como la tierra pudieran ser amados y alcanzados en la misma realización de la vida". Aquello que tan mágicamente había cautivado al niño desencadenó su sueño de vida: unir a Cristo con el cosmos y descubrir a través del misterio de lo eterno femenino, que había experimentado primero con su madre y luego con otras mujeres, aquella fuerza que mantiene despierta en él la pasión por lo divino y le permite descubrir el amor que atraviesa el mundo entero y conduce a Cristo. Cristo es aquel que llena y transforma el cosmos entero, hasta que él mismo resplandezca en todo como el brillo de la gloria divina. En esas experiencias infantiles que tocaron su corazón se expresó con tanta claridad el sueño de vida de Teilhard, que intentó durante toda su vida hacerlo realidad por medio de sus investigaciones y escritos.

Por lo general, los santos también han tenido cuando niños un sueño de vida que más tarde concretaron. Así, santa Teresa de Lisieux ya ansiaba ser religiosa a los dos años, por más que no sabía qué era eso exactamente. Hubo dos acontecimientos de su niñez que signaron su vida y le mostraron cuál era su sueño de vida. Cuando su hermana le trajo un canasto lleno de muñecas y le pidió que eligiera una, ella dijo: "¡Elijo todo!". Y ése fue el *leit-motiv* de su vida: "Dios mío, lo elijo todo. No quiero ser una santa a medias. No temo sufrir por tu amor. Lo único que temo es conservar mi propia voluntad. Tómala Tú: elijo todo lo que Tú quieras". La otra vivencia fue un sueño que tuvo a los cuatro años. Soñó que dos peque- ños demonios danzaban sobre un tonel de cal. Y cuando Teresa, tras superar el temor inicial, se atrevió a mirar a los demonios, éstos se escondieron. Este sueño le quitó todo temor al mal. Si miraba al mal frente a frente, éste perdía su poder. Cuando enfrentaba al demonio, éste retrocedía. Ese sueño le permitió a Teresa confiar en su propio corazón y amor, y la liberó de una espiritualidad del temor, que era la acostumbrada por aquel entonces.

Confiaba en el amor y eligió el amor como lema de su vida. Quería amar a Jesús por sobre todo," mucho más de lo que lo amó cualquiera". Fue consecuente en el cumplimiento de su sueño. Al obedecer a su propio sueño de vida desarrolló una espiritualidad contraria a la que en ese tiempo proponían las autoridades del clero. Escuchó su corazón y no aquello que los demás le ordenaban. La clave de su espiritualidad fue para ella el amor misericordioso de Jesús, y no tanto la justicia divina, que constituía por aquel entonces el tema central del camino espiritual de sus hermanas.

Capítulo 2

=>

*Los sueños de vida
nos estimulan a configurar
nuestra vida*

Hoy en día, muchas personas viven cercenadas de sus raíces. Llevan una vida sin rumbo y, muy a menudo, sin sentido. Esto no favorece a la psique. Los niños y los jóvenes necesitan de una meta para sus vidas. El sueño de vida les coloca la meta delante de sus ojos. Quien vaga sin rumbo fijo, no desarrollará sus capacidades; emprenderá un sinfín de proyectos, pero no llevará ninguno a término. Probará un sorbo de cada cosa, pero no beberá realmente.

Para muchos niños y jóvenes los sueños de vida constituyen una importante motivación para configurar su vida. Los impulsan a desplegar sus capacidades a fin de hacer realidad ese sueño. Para C. G. Jung, Teilhard de Chardin y Teresa de Lisieux sus sueños de vida fueron la fuente primordial en la que pudieron abrevar. Sin esa energía que tomaron del manantial de sus sueños de vida, jamás habrían podido lograr la obra de sus biografías, no habrían podido transitar de manera tan consecuente el camino del amor, como lo hizo santa Teresa. Los sueños de vida los pusieron en el camino de la realización de lo que se había manifestado en ellos cuando niños, y los dotaron del coraje necesario para seguir adelante, incluso, cuando su entorno buscó alejarlos de ellos o puso obstáculos para su cumplimiento.

Los sueños de vida son una motivación fundamental para el trabajo personal y el desarrollo de las propias capacidades. Soñar con una gran familia nos motiva a mantener una actitud de apertura frente a un posible noviazgo o pareja. Nos dirigimos a la meta con decisión. Otros son consecuentes en el camino de una determina- da profesión, a fin de estar preparados para alcanzar su sueño. Muchas personas entienden su sueño de vida de modo muy concreto. En caso de que sueñen con abrazar la profesión paterna se forman adecuadamente para estar preparados. En sus biografías no hay rupturas. Fue claro desde un principio que ese era el camino que querían transitar. Y el sueño es también un estímulo frente a las dificultades que surgen en el camino. Para Teilhard de Chardin, su sueño de vida fue la fuente de energía de la que siempre pudo beber. La íntima conexión con su sueño de vida le permitió luchar contra todos los reparos que la Iglesia presentó a sus investigaciones, interpreta- ciones teológicas y descubrimientos. Su sueño de vida fue mucho más fuerte que todas las adversidades que experimentó.

Algo similar le ocurrió a Albert Einstein. Cuando tenía cinco años le regalaron una brújula. Tan fascinado estaba con ella que volcó toda su energía en tratar de desentrañar los secretos del universo. "Fue fiel a lo largo de toda su vida a la percepción de lo misterioso." Todos los científicos, artistas, filósofos y teólogos que se aboca- ron apasionadamente a su profesión han tenido cuando niños algún sueño de vida que los impulsó a investigar cada vez más, a ahondar en los misterios del mundo y a configurarlo artísticamente. Esto es claro en los casos de artistas como Picasso o Marc Chagall. Tomaron energía de sus sueños de vida.

Cuando un niño no tiene un sueño de vida lo busca a menudo en todas partes y en ninguna. No encuentra ningún amarre que sujete el caos interior de su alma. Quien no tiene metas, no puede desarrollar nada de sí. Vive sin ton ni son. El sueño de vida, en cambio, motiva al niño a ser dócil en la escuela, a aprender bien y a desarrollarse en una determinada dirección. El sueño de vida confiere identidad al joven; sabe quién es, qué puede hacer y hacia dónde debe dirigirse; le proporciona la energía para desarrollarse y acercarse a su meta.

Hoy en día muchas personas viven cercenadas de sus raíces. Llevan una vida sin rumbo y, muy a menudo, sin sentido. Esto no favorece a la psique. Los niños y los jóvenes necesitan de una meta para sus vidas, y el sueño de vida se la coloca delante de sus ojos. Quien vaga sin rumbo fijo, no desarrollará sus capacidades; emprenderá un sinfín de proyectos, pero no llevará ninguno a término. Probará un sorbo de cada cosa, pero no beberá realmente.

En relación con el sueño de vida, existe también, naturalmente, el peligro de decidirse demasiado pronto. Uno tiene la idea fija de hacerse cargo de la granja pa- terna, y no ve más allá. O una hija admira tanto el nego- cio de su padre, que no concibe para sí otra posibilidad que sucederlo. Esto también puede llegar a estrechar el horizonte y hacer que queden sin desarrollar aspectos importantes de sí, o que sencillamente ni se pregunten lo que el corazón tiene para decirles. Si es así, al sueño vital le faltará amplitud y apertura. No será un sueño de vida en el que se puede crecer, sino más bien una cama de Procrustes, que ajusta y limita las propias posibilidades y capacidades. Se cree que se está frente al propio sueño de vida, para descubrir más tarde que en realidad uno se ha apropiado del sueño del padre o de la madre. Entonces la tarea del hijo o la hija será tomar una decisión consciente en relación con ese sueño de vida. Allí importa distinguir si se trata realmente del propio sueño o de la expectativa de los padres. Muchos confunden sus sueños de vida con las expectativas de sus padres.

El sueño lleva a la apertura; la expectativa ajena deriva en estrechez y, en algún momento, se volverá una carga. No nos dota de energía: nos la arrebata. Por ello el hijo o la hija deben sentirse libres para decidir si se hacen cargo de la granja o la compañía realmente por determinación propia, o si sólo lo hacen para no desilusionar a sus padres. Su decisión gira en torno a un tema concreto; saben qué o contra qué deciden. Sin embargo, en la actualidad, muchos jóvenes no tienen idea de qué o cómo deberían decidir, y flotan en un espacio vacío. Esta clase de indeterminación es notoriamente más grave en la psique del joven. Con todo, tampoco es fácil atreverse a desilusionar a los padres cuando uno ha descubierto que quiere vivir la propia vida y no ya cumplir con las expectativas de los demás. Quien sólo quiere satisfacer las expectativas de los padres, en algún momento acabará invadido de agresividad. Se volverá agresivo con los padres y enturbiará así su relación con ellos, o dirigirá la agresión contra sí mismo y caerá en depresión. Las reacciones de nuestra alma y nuestro cuerpo nos dan la señal para confirmar si hemos seguido nuestro sueño de vida o si sólo hemos cumplido con expectativas ajenas.

El sueño de vida me impulsa a recorrer un camino concreto. Aglutina mis fuerzas y capacidades a fin de que se desplieguen de un modo preciso. Pero una vez que me he desarrollado en un sentido, debo volver a comprobar si mi sueño de vida realmente se corresponde con este camino concreto, o si hay allí un horizonte mayor, y si sólo lo emprendí a fin de que ahora se me abran nuevas perspectivas. Da lo mismo cuán concretamente yo vea mi sueño de vida, en algún momento llegará el instante preciso en el que deberé mirarlo desde otra perspectiva. De todos modos, debo estar agradecido, porque haber ido tras él me ayudó a trabajar sobre mí y a seguir desa- rrollándome. De cualquier manera es mi tarea diferenciar entre la concreción del sueño de vida y su esencia. Los modos de concretarlo pueden variar. La esencia es como el hilo conductor que atraviesa nuestra vida. Sin él nuestra vida se quiebra en mil pedazos, y esto no es bueno para nuestra alma.

Capítulo 3

=>

Despedirse
de los sueños rotos

Muchas personas reprimen la conciencia de sus sueños quebrantados. Realizan miles de actividades para distraerse. O tienen la impresión de que deben ocuparse de cosas más relevantes que sus sueños infantiles. Pero algunas veces una enfermedad los obliga a enfrentar su propia verdad. Han desoído la resistencia de su alma contra esa vida que ellos eligieron en reemplazo y compensación de sus sue- ños incumplidos.

En las charlas de acompañamiento espiritual, oigo hablar una y otra vez de sueños de vida deshechos. Una mujer tenía el sueño de fundar una gran familia y tener niños, y ahora se encuentra soltera a sus cuarenta años. Su sueño no se concretó. Otra mujer tenía el sueño de compartir la vida de fe con su marido y transmitirla a los niños, pero ellos no quieren saber nada con la fe. Y el matrimonio acabó en divorcio. Su sueño vital de una familia sana y creyente se desmoronó. Un hombre tenía el sueño de transformar el mundo a través de la política. Pero fracasó, no fue reelegido y su partido obstaculizó su carrera ascendente; ahora quedó relegado. Un gerente quería que su compañía tuviera presencia en todo el mundo y construir así una nueva cultura empresarial. Pero su empresa quebró y fue comprada por otra que la despedazó. Nada quedó de la anterior cultura de la compañía, de la comunidad de pertenencia y de los valores que aquella empresa encarnaba. También aquí estamos frente a un sueño de vida quebrantado. Un empresario mediano mantiene una muy buena relación con sus colaboradores. Ha logrado un clima laboral excelente y alcanzó así el éxito económico. Pero las condiciones del mercado se han modificado tan drásticamente y en tan poco tiempo que la empresa ya no tiene posibilidades de subsistir. También aquí hay un sueño roto. Otras personas experimentan el desvaneci- miento de sus sueños infantiles por una enfermedad, por el fracaso de su matrimonio o de su proyecto laboral, o por un accidente que contraría sus proyectos. Perdieron toda la energía vital a raíz del accidente.

Cuando muere algún ser querido, un sueño de vida se deshace. Una mujer enviudó repentinamente por un infarto del marido. Para ella se desvaneció así un sueño de vida. Siempre se había imaginado que cuando los niños crecieran su esposo y ella iban a realizar juntos muchos viajes y se podrían dedicar más a sus intereses en común. Había fantaseado con lo bello que habría sido el surgimiento de nuevos aspectos en su relación. Pero la prematura muerte del esposo desgarró este sueño de vida. Una madre perdió a su hijo en un accidente de tránsito. A ella también se le destruyó un sueño de vida. Se había imaginado que sería una buena madre para su hijo, que lo acompañaría en su camino y que él y la familia que quería formar la harían feliz. Pero la muerte le arrebató todos esos sueños.

No siempre los sueños se desmoronan de manera tan radical como en los ejemplos expuestos. A menudo tenemos simplemente la impresión de que no hemos realizado aquello que realmente teníamos como meta. O bien –como lo expresó una mujer– tomamos la dirección equivocada. Desperdiciamos nuestro talento en actividades que no se corresponden con nuestros dones. Olvidamos nuestro sueño de vida porque había otra cosa en primer plano. Hicimos lo que la vida nos exigía hacer en ese momento, pero perdimos así el vínculo con nuestro sueño de vida.

Muchas personas reprimen la conciencia de sus sueños quebrantados. Realizan miles de actividades para distraerse. O tienen la impresión de que deben ocuparse de cosas más relevantes que sus sueños infantiles. Pero a veces una enfermedad los obliga a enfrentar su propia verdad. Han desoído la resistencia de su alma contra esa vida que ellos eligieron en reemplazo y compensación de sus sueños incumplidos. Contra ello se rebela ahora el cuerpo mediante una enfermedad o lo hace el alma a través del agotamiento o la depresión. Ahora deberán enfrentar su verdad. La pregunta es cómo deberían reac- cionar al doloroso sentimiento que provocan las ilusiones rotas.

La reacción adecuada es la de hacer un duelo por los sueños de vida incumplidos. Es un proceso doloroso despedirse de los sueños que alguna vez tuvimos. Duele admitir que en la vida no hay marcha atrás. Alexander y Margarete Mitscherlich opinan acertadamente en su célebre libro *Die Unfähigkeit zu trauern (La incapacidad de hacer duelo)*: quien rehuye el duelo por las ilusiones que había construido a lo largo de su vida, se paraliza inter- namente. Queda disminuido en su desarrollo espiritual, en sus relaciones humanas y sus capacidades creativas. Su percepción de la realidad se angosta. Siguiendo a Sig- mund Freud, Mitscherlich se refiere a la melancolía que invade a las personas que no han hecho su proceso de duelo. En la melancolía, según la entiende Freud, siento disminuida mi autoestima. Quien se niega a atravesar el duelo por sueños de vida incumplidos, experimenta "pérdida de energía psíquica" e incluso sentimientos de odio contra sí mismo, que pueden conducir desde los autorreproches a la autodestrucción. Esta autocompasión trae aparejada la incapacidad de dar una respuesta creati- va a los desafíos de la vida. Se produce un estancamiento y entumecimiento interiores.

Veinte años después de haber publicado el libro junto con su marido Alexander, Margarete Mitscherlich volvió a abordar el tema del duelo en *Die Toten antworten nicht mehr (Los muertos ya no responden)*. Allí no solamente se aborda el tema de la pérdida de seres queridos, sino también el del duelo "por la pérdida de la niñez y la juventud, la pérdida de los ideales y las tradiciones, los vínculos y la felicidad perdidas". Sólo aquel que se despide "de una etapa de la vida, de esperanza de realización de anhelos inalcanzables, puede interiorizar los vínculos, los sentimientos y las percepciones". Está abierto a nuevas experiencias y es capaz de entregarse de un modo nuevo a los vínculos que la vida le ofrece. El proceso de duelo –siguiendo a Margarete Mitscherlich– es siempre también un recordar. Me acuerdo de aquellos sueños de vida que tuve en mi juventud y de los sentimientos que estuvieron ligados a él. Duele admitir que debo despedirme de ellos. Pero si yo le escapo a esa dolorosa tarea de recordar, pierdo acceso a mi vida interior, se empaña mi autopercepción y surgen como consecuencia pensamientos inhibitorios: "La puerta del presente permanece cerrada, se limita la apertura a nuevas experiencias".

La negación es un modo posible de responder a los sueños rotos que todos conocemos: no queremos admitir que es verdad que nuestro sueño se desgarró. Mitscherlich cuenta acerca de una mujer cuyo sueño de un matrimo- nio feliz se rompió con el divorcio. Pero ella se aferraba a él. "Padecía de una esperanza prácticamente enfermiza, que la alejaba cada vez más de la realidad." Si me aferro a mi sueño de vida, aun cuando se ha roto, se produce un estancamiento interior. Pierdo contacto con mis sen- timientos, con mi corazón. Otra mujer vivió el quebranto de su sueño de vida cuando su esposo la dejó por una más joven que ella. De jovencita había sido preciosa y estaba muy segura de su atractivo frente a su esposo. Cuando su sueño de ser la joven de la cual su esposo podía presu- mir se desvaneció, se culpabilizó y dirigió su ira contra sí misma. Sólo cuando pudo dar lugar al proceso de duelo ³⁵

de despedida de sus ilusiones, su autoestima se estabilizó y pudo descubrir las nuevas posibilidades de la vida. El que reniega del proceso de duelo por sus sueños de vida desmoronados, cae a menudo en una profunda depresión. Exteriormente no parece decaído, porque busca ahogar su depresión mediante "la intoxicación del consumo y la codicia". Muchas personas que se lanzan al consumo y jamás obtienen lo suficiente son un claro ejemplo de que el verdadero problema radica en la imposibilidad de enfrentar los sueños de vida despedazados. Huyen de sí mismas. Actúan su duelo negado a través de un consumismo exagerado o de un activismo desmedido.

Sólo quien atraviesa el dolor logrará alcanzar el fondo de su alma y ponerse en contacto con el potencial que yace allí a la espera. Y entonces descubrirá la fuerza que tiene. Su sueño de vida no se ha hecho realidad, pero lo que éste significa está aún vivo en su alma. Y de alguna manera quiere hablarle de un modo nuevo al potencial de su alma para que éste se despliegue adecuadamente hoy.

Con todo, no podemos cambiar el pasado. Hemos adquirido experiencias importantes para nosotros con lo vivido hasta ahora, por más que no se haya realizado acabadamente nuestro sueño de vida. Cuando volvemos a hallar una conexión entre esas experiencias y nuestro sueño de vida original, podemos desarrollarlo de un modo nuevo. No se ha roto el sueño de vida en sí, sino tan sólo su concreción. Y quizás en esa concreción estaban demasiado entreverados nuestros propios deseos y representaciones. Es menester ahora ir de lleno hacia lo real, a la esencia del sueño de vida y realizarlo. Nunca es demasiado tarde para comenzar con un sueño de vida.

Quien elude el duelo, se paraliza interiormente. Ya nada se mueve en su interior. No se atreve a enfrentar sus sueños. Le teme al silencio, porque podría hacer aflorar la desilusión por el sueño roto. Pero quiere evitar todo sen- timiento desagradable, pues de lo contrario éstos podrían ahogarlo y hacerlo caer en la corriente de las lágrimas. Y se vuelve inquieto y desasosegado. Las actividades se tornan sumamente útiles a fin de soslayar el proceso de duelo. Solemos decir que estamos frente a algo impor- tante, que siempre tenemos algo que hacer. Pero cuanto más nos ocupamos en el mundo exterior, tanto mayor es la pérdida de contacto con nuestro corazón.

Jesús tiene presente esta situación de huida del propio corazón, cuando exhorta a sus oyentes en el evangelio de Lucas:" Traten de entrar por la puerta estrecha, porque les aseguro que muchos querrán entrar y no lo conseguirán. En cuanto el dueño de casa se levante y cierre la puerta, ustedes, desde afuera, se pondrán a golpear la puerta diciendo: 'Señor, ábrenos'. Y él les responderá: 'No sé de dónde son ustedes'. Entonces comenzarán a decir: 'Hemos comido y bebido contigo, y tú enseñaste en nuestras pla- zas'. Pero él les dirá: 'No sé de dónde son ustedes; ¡apár- tense de mí todos los que hacen el mal! Allí habrá llantos y crujir de dientes...'" (Lc. 13, 24-28). Vivimos sólo exteriormente. Realizamos actividades provechosas. También escuchamos la prédica de Jesús. Leemos libros y estamos en contacto con la Iglesia. Pero perdimos la conexión con nuestro corazón. Hemos reprimido nuestros sueños de vida; estamos cercenados de aquello que nuestro corazón anhela, y nuestra vida se manifiesta sólo en lo exterior. Ahora habrá llanto y crujir de dientes, pues de algún modo sentimos que hemos pasado de largo por nuestra vida. Durante la noche sobrevienen este tipo de pensamientos. Muchos rechinan los dientes cuando duermen a fin de suprimir estos pensamientos. Pero no es posible eliminarlos, y nos hacen llorar de desesperación en los momentos de calma. Y el recurso a la huida ya no nos sirve más. Debe- mos enfrentar nuestra verdad. La exhortación de Jesús no pretende atemorizarnos, sino invitarnos a enfrentar nuestra propia verdad, a volver a ponernos en contacto con los anhelos de nuestro corazón, con los sueños de vida de nuestra alma. Debemos entrar por la puerta angosta, que es aquella que nos conduce a nuestra particularidad y peculiaridad, nos conecta con el significado de nuestro sueño de vida. Es menester movilizar todas las energías para atravesar esta puerta que conduce a nuestra verdad y a nuestro ser más íntimo. Nuestra vida será plena sólo si nos tomamos esa molestia. De lo contrario, nos resig- namos a satisfacciones sustitutas para reemplazar la vida no vivida, y eso no es verdadera vida.

Otra reacción frente a los sueños de vida incumplidos consiste en recluirse en la autocompasión. Así hay quien siente pena de sí mismo, por el fracaso de su vida, porque sus sueños no se han hecho realidad: se compadece de sí mismo. O formula constantemente autorreproches por haber hecho todo mal. Pero al pasado no se lo puede cambiar. No logra superar a través del dolor los sueños de vida incumplidos, sino que se queda estancado en la superficie del dolor y se sumerge así en la autocompasión. Pero esto ya no sirve. Gira siempre en torno a los mismos pensamientos, los mismos autorreproches, los mismos sentimientos de pesar. Podemos apelar a la imagen del nudo de dolor. Llorar significa atravesar este nudo para llegar al fondo del alma. Lo mejor es desatar este nudo para atravesarlo mejor y no quedar estancado en un caos impenetrable. Quien se regodea en la autocompasión no desata el nudo. Queda atascado en la superficie y nada en él se modifica. Su autocompasión no cesa y lo acompaña a lo largo de toda su vida. Siente lástima de sí mismo, porque todo es tan malo. Pero con esta actitud autocompasiva, a la larga, acaba por sacar de quicio a todas las personas que lo rodean.

Otro efecto de evitar el proceso de duelo consiste en acusar y culpar a otros. Culpamos a los que nos han impedido hacer realidad nuestros sueños de vida. En este afán se buscan toda clase de motivos para explicar por qué estas personas nos han truncado nuestros sueños. Culpamos al conductor del auto que provocó la muerte de nuestro hijo o hija. Acusamos al médico que no salvó la vida de nuestro padre o madre. Culpamos a la empresa y a su gerente, que no nos permitió cumplir nuestro sueño de vida en el ámbito laboral. Culpamos a las circunstancias que no nos dieron la posibilidad de estudiar o de hallar una mujer con la que formar una familia. Permanecemos adheridos al dolor que provoca la oportunidad perdida, no conseguimos atravesarlo. Pero de esta manera la vida se detiene. No lloramos, nos sumergimos más bien en la tristeza o la depresión, y no encontramos más sentido a seguir viviendo, puesto que lo realmente deseado no se hizo realidad.

Siempre duele decir adiós. Muchas personas eluden la despedida y continúan ilusionándose con que los sueños de vida rotos sí se concretarán. Una mujer que ansiaba tener hijos y que ahora a sus cuarenta y seis años debe admitir que ese deseo no se materializará se niega a ver la realidad cara a cara. Todavía tiene esperanzas de concebir un niño. Sería demasiado doloroso aceptar que este deseo es irrealista. No está preparada para llorar por ese sueño roto. Pero el duelo y la pena irrumpirán mucho más intensamente en el momento en que enfrente la realidad. Por eso es importante hacer lugar desde ahora al proceso de duelo, para que esta mujer se conecte con las nuevas posibilidades de su vida. El psicólogo germano- estadounidense Eric Ericsson denomina *"generatividad"* a una clase de fecundidad que no se limita sólo al hijo, sino que se extiende a la propia labor, la irradiación propia: a eso que yo aporto al mundo a través de mi persona. Si debo despedirme del deseo de tener un niño, entonces podré dirigir mi atención a todo aquello que puede florecer en este mundo en mí y a través de mí, y lo que pueda fructificar en mi vida.

Cuando lloramos por una persona allegada que falleció, también estamos llorando por nosotros mismos. Ante la muerte de un ser querido lloramos los sueños de vida quebrantados. Pero no debemos calificar o juzgar el duelo. En ocasiones puede durar mucho, y en otros casos nos puede parecer que ya lo hemos atravesado. Pero cuando un determinado acontecimiento o una persona nos traen a la memoria la pérdida, ésta reaparece inmediatamente. Por supuesto que también existen los duelos patológicos, en los que la persona queda como estancada. Mitscherlich afirma que en estos casos se llega "no a un enriqueci- miento, sino a un impresionante empobrecimiento del yo". Lo importante es que podamos ver una meta en el duelo. La meta consiste en construir una nueva relación con el difunto, ir hasta lo profundo de la propia alma para descubrir allí el potencial con que Dios nos dotó, y reconocer la esencia de nuestro sueño de vida. El sueño de vida en su forma actual se truncó con la muerte del ser querido. Pero aquello que se ofreció a nuestra alma en nuestra infancia como sueño de vida posee muchas facetas más que las vividas hasta el momento. La meta del duelo es que logremos descubrir estas otras facetas y vivirlas de un modo nuevo.

En el duelo no se trata solamente de llorar por la imagen rota de nosotros mismos y el derrumbe de nuestros sueños de vida, sino de hacer, además, el duelo por la imagen de Dios que se deshizo. Porque la muerte de un ser querido rompe la imagen que hasta entonces teníamos de Dios. No podemos decir por qué esta persona ha muerto, por qué Dios lo ha permitido. Es incomprensible para nosotros. Entonces hemos de hacer un duelo porque la imagen que teníamos de Dios se quebró. A través del duelo deberíamos poner nuestra mirada en una nueva imagen de Dios, un Dios que está más allá de toda re- presentación, el Dios inconmensurable. Pero a pesar de la inconmensurabilidad de Dios deberíamos confiar en que Dios es el amor inconmensurable; amor que supera todas nuestras medidas.

El duelo por una pérdida nos conecta con la propia vida no vivida. El niño que muere prematuramente nos pone delante de los ojos nuestra niñez perdida. Descubrimos al niño abandonado en nosotros, o al niño aquel que no pudo vivir como quería. El cónyuge que fallece pone en evidencia todas las posibilidades no vividas del amor, lo rutinario de nuestra relación, todas las palabras amorosas no dichas, los momentos de unión amorosa desaprovecha- dos. Todo lo no vivido merece ser objeto de duelo. Sólo de ese modo, a través de lo no vivido, nos conectamos con la vida latente dentro de nosotros, con aquello que pugna por florecer. Hacer duelo quiere decir: no aferrarse al dolor o la autocompasión, sino transitar a través del dolor el camino que nos lleva al fondo de nuestra alma. Allí descubrimos que nunca es demasiado tarde para levantarse y vivir. Allí están a nuestra disposición todas las posibilidades de vida. Lo omitido permanecerá omitido. Pero ahora, en este ins- tante, podemos volver a comenzar a vivir, vivir aquello que hasta ahora habíamos pasado por alto.

La meta del duelo es, entonces, establecer un nuevo vínculo y relación con los difuntos. El duelo quiere conducirnos a una vitalidad nueva y a una nueva relación con Dios. Quien elude el duelo y la congoja, queda interiormente inmovilizado. O bien se estancará en el lamento y aducirá que el destino se ha ensañado con él de tal modo que daba por descontado que padecería esos sufrimientos. O bien acusará a los demás. Buscará a los culpables de su infelicidad. O acusará a Dios. Es parte del proceso de duelo acusar a Dios y rebelarnos contra él. Ya lo hizo Job. Pero él trasciende el lamento a fin de obtener una nueva visión de Dios. El duelo abre mis ojos para que pueda ver al Dios totalmente otro, aquel que más allá de toda incomprensibilidad es el fundamento de mi vida.

El duelo no sólo tiene relación con el dolor que produce la muerte de un ser querido. Margarete Mitscherlich dice que también debemos hacer un duelo por la juventud, por la pérdida de ideales. Corresponde hacer duelo por las relaciones rotas, por el fracaso de mi proyecto de vida, por un revés laboral, por las oportunidades que en mi vida perdí, por el fin de mi carrera. Sólo si realizo el duelo por las chances perdidas y por los proyectos de vida truncos, me pondré en contacto con mis propias posibilidades y aptitudes. Quien esquiva el duelo empobrece su vida afectiva.

Quisiera señalar esto por medio de tres ejemplos. Muchos experimentan que el amor ha desaparecido de su matrimonio. Los ideales que compartían al inicio de la vida matrimonial se desvanecieron. La rutina se ha instalado en la convivencia. Ya no tienen nada más para decirse. En esta situación, tienden a culpar al otro cónyuge. Él es el culpable de que se haya enfriado el amor. O se quejan de que a pesar de todos sus esfuerzos no pueden hacer que el matrimo- nio esté más vivo. En este caso es fundamental hacer el duelo por el quebranto de los sueños de amor ideales. Y es menester hacer el duelo por la medianía del matrimonio, pero también por la mía propia y la de mi cónyuge. Sólo si por medio del dolor logro atravesar ese amor que se enfrió, podré descubrir lo que queda de amor en mí. Este amor ya no se manifiesta en grandes sentimientos, sino en lealtad y *fairness* hacia el otro. Con todo, hemos criado juntos a los niños, juntos hemos sacado adelante el hogar, la organiza- ción de la familia. Nos tratamos con lealtad. Estamos uno al lado del otro. Y de repente descubro que tanto en mí como en nuestra convivencia hay mucho de bueno. En el fondo de mi alma me conecto con un amor que es más que un sentimiento, con la gratitud por tantos años de convivencia y por haber sido fieles el uno al otro. Y descubro nuevas posibilidades para nuestra vida en común.

Un hombre perdió su empleo a los cincuenta y ocho años debido a una reestructuración de la empresa.

Su sueño de realizarse en esa empresa y jubilarse como exitoso director de área se desvaneció. Reacciona con autorreproches por lo que hizo mal. Y al mismo tiem- po surgen en él sentimientos de cólera hacia su jefe, que no lo apoyó como siempre había prometido que lo haría. Se siente tremendamente infeliz y no se atreve a decir a sus allegados que ha perdido el trabajo. A los cincuenta y ocho años no ve posibilidad alguna de conseguir un puesto similar. No es fácil hacer el duelo por la pérdida del empleo y por el derrumbe de su sueño de vida. Duele. Pero si logra atravesar ese dolor, podrá descubrir nuevas posibilidades dentro de sí. No necesariamente obtendrá otro empleo. Puede realizar trabajo voluntario y llevar a cabo todo aquello que su empleo de tiempo completo no le permitía hacer. Puede, por ejemplo, dedicarse nueva- mente a la música o a la jardinería. Y volverá a conocerse a sí mismo en las aptitudes que aún están latentes en él y que hasta ahora no habían sido cultivadas y vividas.

Cuando me reúno con sacerdotes católicos, a menudo se quejan de la situación de la Iglesia. Se lamentan porque cada vez menos personas acuden a la Iglesia y porque los jóvenes no participan. Y tienen mucho para decir sobre la ineficiencia del obispo y de las demás autoridades dioce- sanas. A menudo la queja se vuelve una acusación a los responsables eclesiásticos que carecen de olfato para las necesidades pastorales. Si bien estas críticas pueden tener cierta justificación, resultan inconducentes, pues lo único que logran es difundir un clima de depresión.

En este caso es preciso hacer el duelo por el derrumbe de mis sueños en relación con la Iglesia. Es cierto, la Iglesia ya no es la misma de los años cincuenta del siglo pasado. Debo despedirme con dolor de los sueños que tuve cuando me ordené sacerdote o del tiempo en que me dediqué a la labor con jóvenes, cuando celebrábamos con entusiasmo la Eucaristía. Sólo en la medida en que doy lugar a este proceso podré descubrir también las posibilidades que la Iglesia tiene en la sociedad actual. Y descubriré todos los gérmenes de nueva vida y nuevo rumbo espiritual que se observan en ella, y que quizá también pueda palpar en mi comunidad y en alguno de sus miembros. Al menos reconoceré en mí y en el resto de las personas el anhelo por aquello que hace a nuestra Iglesia: anhelo de experimentar juntos a Dios y de ser, en comunión con Jesucristo, fermento de esperanza y reconciliación para este mundo.

Al hablar de duelo, algunos me preguntan cómo vivirlo concretamente. Por eso quisiera proponer un pequeño ejercicio. Siéntate cómodamente y cierra los ojos. Si tienes el hábito de meditar, busca tu rincón de medi- tación. Presta atención a tu respiración, cómo va y viene. Luego imagina que al inhalar inspiras el mismo Espíritu de Dios. Y al exhalar dejas salir el Espíritu de Dios a través del nudo de dolor que hay en tu pecho y lo atraviesa hasta el fondo de la pelvis. Imagina cómo arribas al fondo de tu alma junto al Espíritu de Dios y descubres allí nuevas posibilidades y capacidades. Confía en el Espíritu de

Dios que hará fructificar y florecer todo aquello que está preparado en el fondo de tu alma. Si permaneces unos veinte minutos frente a esta imagen, quizás alcances a atisbar que por debajo del nudo de dolor hay un espacio en el que puedes sentirte libre, fresco y vital. Allí descubres una fuente de creatividad y amor que nunca se agota. A través del dolor llegas hasta el fondo de tu alma. Y allí eres tú mismo libre de las expectativas y juicios de los demás, libre también de autorreproches. Allí entras en contacto con todos los dones que Dios te regaló. Allí te conectas con el sueño de vida original, con la esencia de tu sueño de vida, con la imagen que Dios hizo de ti.

Capítulo 4

=>

*La integración
de los sueños de vida
a nuestra realidad actual*

La tarea de la formación consiste en promover un conocimiento cada vez más puro de la imagen de Dios en el ser humano. El concepto de formación fue for- mulado por los griegos. La mística alemana lo llevó más lejos. Se trata de la conformación del ser humano a la imagen de Jesucristo. Jesucristo es la verdadera imagen de Dios. Al formar en nosotros la imagen de Cristo, nos asemejamos cada vez más a Dios.

A menudo propongo como tarea a las personas que acompaño espiritualmente que intenten descubrir el propio sueño de vida de la infancia. Un modo de lograrlo es que piensen con qué se entretenían horas enteras sin fatigarse. Otro camino es preguntarles cuáles eran sus historias predilectas y las figuras que les fascinaban en la niñez. No se trata solamente de retrotraerse nostálgicamente a la infancia, sino más bien de dotar a la vida actual del ímpetu del sueño de vida de entonces. Ello se logra en la medida en que vea el sueño de vida como una imagen de aquello que hago hoy. No debo cambiar de trabajo ni poner patas arriba por completo mi situación de vida. Sólo se trata de encontrar una imagen para aquello que hago hoy, una imagen que se adecue a ese sueño de vida original.

La formación y la configuración del sueño de vida

Que nuestra vida se plenifique hoy o no, depende de la imagen con la que vivimos nuestra vida, la imagen con la que nos levantamos por la mañana, con la que vamos al trabajo o hacemos todo aquello que nos aguarda a diario. Una madre se levanta con la imagen de que debe estar incondicionalmente a disposición de los hijos, siempre presente cuando ellos entran o salen de la casa. Pero esta imagen la coloca bajo presión y la agobia. Ella necesita otras imágenes para poder ser una buena madre. Cuando una determinada imagen ejerce presión sobre nosotros, no nos favorece. Las imágenes están precisamente para que las "imaginemos" o configuremos dentro de nosotros. Para el filósofo griego Platón, la formación consiste en configurar buenas imágenes dentro de nosotros a fin de conectarnos con la imagen original que Dios hizo de nosotros. Esta imagen divina se forma en nosotros por medio de la naturaleza. Debemos entonces formarnos las imágenes de la naturaleza a fin de ser fieles a nuestra propia naturaleza. El ser humano descubre lo divino en sí mediante la observación del cosmos. Halla su propio orden verdadero a través del descubrimiento del orden del mundo. Cicerón lleva este hallazgo de Platón más lejos, cuando afirma que la verdadera formación del hombre está en la armonía de su personalidad. Cuando el ser hu- mano está en sintonía consigo mismo es hombre real. Por eso la meta de la formación es la *humanitas*, la humanidad.

Conocer el mundo significa, para Platón, conocerse a sí mismo, descubrir la propia esencia.

Los Padres de la Iglesia vincularon el ideal de la formación griega con las palabras del Génesis: "Dios creó al hombre a su imagen; lo creó a imagen de Dios" (Gn. 1, 27). La Biblia griega traduce los conceptos hebreos: *selem* y *demut* con *kat'eikon* y *kat'homoiosin,* respectivamente. Y desarrolla a partir de estos conceptos una teología propia. En la Creación, Dios hizo al hombre a su imagen. La imagen de Dios está puesta en el ser humano desde su nacimiento. Pero su tarea consiste, simplemente, en asemejarse cada vez más a Dios. El camino de la imaginación es la contemplación. En la contemplación mística miro a Dios de tal modo que me vuelvo uno con lo contemplado. Los griegos afirman que la forma más elevada de teología es la contemplación. La verdadera teología obtiene conocimientos sobre Dios mismo para que Él mismo se plasme cada vez más en el hombre y coloque en primer plano la imagen original y auténtica que hizo de Él.

La tarea de la formación consiste en promover un conocimiento cada vez más puro de la imagen de Dios en el ser humano. El concepto de formación fue formulado por los griegos. La mística alemana lo llevó más lejos. Se trata de la con-formación *(Ein-Bildung)* del ser humano a la imagen de Jesucristo. Jesucristo es la verdadera imagen de Dios. Al formar en nosotros la imagen de Cristo, nos asemejamos cada vez más a Dios. La mística alemana entendió también en este sentido la palabra "formar"

(Ausbilden). La formación *(Ausbildung)* no es, como se entiende en la actualidad, algo que sólo proviene del exterior. Por el contrario, se trata más bien de configurar y plasmar en uno mismo la imagen de Dios.

En los sueños de vida Dios nos ha regalado imágenes que se ajustan a nuestra naturaleza, nuestra esencia. Podríamos decir también que los sueños de vida tienen el propósito de interpelar esa imagen divina en nosotros y hacer que se despliegue. El sueño de vida se corresponde con aquello que la mitología denomina el niño divino en nosotros. Para John Bradshaw, el niño divino representa la *imago dei*, la imagen de Dios en nosotros. En el niño divino yace "la fuerza de la renovación creadora". Nos hace recordar una creatividad especial, "que es un particular e irrepetible don personal del que disponemos". Cuando damos forma dentro de nosotros a las imágenes del sueño de vida, nos conectamos con el niño divino en nosotros, nuestro verdadero sí mismo *(Selbst)* y con las fuentes de nuestra energía y creatividad.

Efectos de las imágenes en nuestra vida y nuestro obrar

Las imágenes que llevamos en nosotros, a menudo de modo inconsciente, le imprimen cierto carácter a nuestro ambiente a lo largo del día, e influyen también en nuestro trabajo y en los encuentros que mantenemos a diario. La primera tarea consiste en volvernos conscientes de aquellas imágenes que llevamos dentro. Sólo entonces podré modificarlas, despedirme de imágenes enfermizas y buscar aquellas que se conforman con mi esencia y despliegan el potencial latente en mí.

Una maestra me contó que iba a la escuela con la imagen de un domador. Ésta es una imagen por demás estresante. Si ella se presenta a los estudiantes con esta imagen, estará siempre agitada y eso le restará energía. Un gerente tenía la imagen del sándwich. Sentía que lo presionaban por arriba y por debajo. Tampoco ésa es una imagen agradable, más bien se trata de una imagen que a la larga me producirá la sensación de abuso, y a menudo reaccionaré a ella de manera agresiva. Otros van a la empresa con la imagen de la rueda en la que corre el hámster: una carrera que no conduce a ninguna parte. Estas imágenes no nos hacen nada bien, pues nos generan presión e insatisfacción. La imagen que llevo en mí otorga significado a todo lo que vivo. Un sacerdote se dirigía al altar con la imagen de estar en la picota. Esto le impidió celebrar la misa durante muchísimo tiempo, pues era insoportable para él estar de pie en el altar con esa imagen. Otros llevan al trabajo imágenes de su codicia. Muchas personas en cuanto se levantan por la mañana ya sienten la presión de tener que hacer todo bien a fin de que nadie los critique, o para que su vida fluya ade-cuadamente.

Los efectos negativos de los pensamientos obsesivos son de lo más notorio. En última instancia, se trata de imágenes interiores que se manifiestan en nosotros: me siento forzado a controlar todos los interruptores de la luz, a volver a comprobar que las puertas están correctamente cerradas. O siento la obsesión de colocar la vajilla en un determinado lugar. De lo contrario, podría suceder algo malo. Estas imágenes que ejercen presión sobre nosotros nos enferman.

Otras personas llevan consigo imágenes de omni- potencia. Creen que deberían hacer algo extraordinario todos los días, tanto en la familia como en el trabajo. Deben dejar una buena impresión, mostrarse siempre seguras de sí mismas, siempre serenas, controladas y de buen talante. Pero estas imágenes exageradas les hacen daño. Están bajo una presión tal, que su energía dismi- nuye constantemente. Se inflan con imágenes que no se adecuan a su realidad. Jamás viven desde su centro: están permanentemente mostrando algo que, en realidad, no se conforma a ellas. Los griegos hablan de la cama de Procrustes. A su víctimas, Procrustes o bien les estiraba sus miembros o bien se los encogía hasta que cabían en su cama. Del mismo modo, muchas veces tenemos imágenes de nosotros mismos demasiado grandes o demasiado pequeñas. No nos creemos capaces en absoluto; limi- tamos nuestras posibilidades porque nos consideramos demasiado pequeños. O nos inflamos con ilusiones.

Una mujer había tenido siempre una imagen de- masiado pequeña de sí misma y por ello apenas había podido desarrollar su autoestima. Evidentemente no entendió a su terapeuta que la instaba a que fortaleciera su autoestima. Ella estaba identificada con una figura grandiosa de sí misma, y en lugar de doblegarse frente a los demás, repentinamente comenzó a gritar y a vilipendiar a sus colegas. Sin embargo, cuando estuvo sola en su apartamento, esta imagen ilusoria se derrumbó como un castillo de naipes y se sintió de lo más miserable.

En el evangelio de Lucas, Jesús nos exhorta a despedirnos de las imágenes falsas y a hacer lugar en nuestro interior a la imagen que Dios hizo de nosotros:" ¿Quién de ustedes, si quiere edificar una torre, no se sienta primero a calcular los gastos para ver si tiene con qué terminarla? No sea que una vez puestos los cimientos, no puedan acabar y todos los que lo vean se rían de él diciendo: 'Éste comenzó a edificar y no pudo terminar'" (Lc. 14, 28-30). La torre es una imagen de la autorrealización humana. C. G. Jung construyó en Bollingen una torre como ima- gen de su camino interior. La torre es redonda, símbolo de totalidad. Tiene cimientos profundos y trepa hasta el cielo. Vincula, entonces, el cielo y la tierra: nosotros somos también al mismo tiempo de la tierra y del cielo. Cuando construimos nuestra propia torre debemos ver con exactitud con cuántas piedras contamos. Las piedras son nuestras aptitudes y posibilidades, nuestras imágenes interiores, nuestros sueños de vida. No deberíamos compararnos con otras personas, sino construir la torre particular que Dios pensó para nosotros. Si nos consideramos demasiado pequeños, nos sobrarán muchas piedras. Si nos inflamos con fantasías de omnipotencia, no iremos más allá de los cimientos. Y nuestra vida queda en ruinas. De ahí que necesitemos agudeza para detectar nuestras posibilidades, nuestro sueño de vida. Deberíamos construir nuestra torre de vida en consonancia con esta imagen interna del sueño de vida.

Hallar la imagen correspondiente a nuestra esencia

No debemos tomar imágenes de afuera, ni las de nuestros padres ni las de nuestra codicia o megalomanía, sino aquellas imágenes que provienen de nuestra alma. Ellas son siempre saludables para nosotros. Se corresponden a nuestra verdadera esencia. Encontramos estas imágenes sanadoras en nuestros sueños de vida. En los sueños de vida de la niñez, el alma se soñó a sí misma y proyectó una imagen de sí que se ajusta a nuestra verdadera esencia. Cuando nos conectamos con estas imágenes interiores, florecemos, renovamos nuestras ganas de vivir y sentimos que la vida fluye. Quien vive a contrapelo de sus imágenes interiores se agota y fatiga rápidamente. Consume dema- siada energía en vivir contra su propia verdad. Quien per- sigue su imagen interior descubre dentro de sí fuentes de las que abrevar sin agotarse. Porque estas fuentes internas participan de la fuente divina, que es inagotable.

Para hallar estas imágenes interiores, suelo proponer como tarea a los participantes de mis cursos que traten de recordar situaciones de su niñez en las que jugaban durante horas o se podían entretener sin cansarse, situa- ciones en las que el tiempo transcurría como ilimitado y se ocupaban apasionadamente de algo. Muchos se acuerdan de ese tipo de situaciones, pero tienen dificultades para trasladar esos recuerdos a su vida actual y descubrir así imágenes para su vida presente. Entonces los aliento a asociar libremente lo que los recuerdos les sugieran. A menudo les resulta de utilidad que yo les proporcione algunas ideas de asociación que se me ocurren en cada caso. Deberíamos contemplar como una imagen aquello que hacíamos entonces. ¿Qué anhelo se escondía en ese juego, en esa actividad? ¿Qué se expresa allí? ¿Con qué si- tuaciones de nuestra actualidad podemos relacionarlo?

Un director de escuela me contó que de niño siempre jugaba en el desván, y que allí podía olvidarse de todo. Le pregunté a qué jugaba concretamente y me explicó que en el juego siempre construía un mundo propio. Utilizaba las diferentes figuras que encontraba en su cajón de juguetes y establecía normas y reglas de juego propias. Entonces lo alenté a que descubriera allí su sueño de vida: "En mi escuela construyo mi propio mundo. En lugar de mal- humorarme por la burocracia del ministerio de Cultura coloco cada mañana frente a mí esta imagen". Cuando dejaba que esta imagen trabajara en él, recobraba las ga- nas de dirigir la escuela. La imagen lo conectaba con la energía que yacía en su alma, y también con la fantasía y la creatividad con que había sido dotado. Entonces se propuso construir en la escuela un mundo propio, un mundo en el que los maestros y los alumnos se relacionen de otra manera, en el que tengan ganas de adquirir una formación con valores que dignifiquen la vida. El juego aquel que recordaba le permitió descubrir la imagen con la cual abocarse ahora a sus tareas de un modo nuevo. No se trataba de cambiar de empleo, sino de conectar su ocupación actual con el sueño de vida original. Cuando eso se logra, la vida retoma su fluir.

Una directora de escuela decía que no recordaba ninguna escena de su niñez. Cuando le pedí que revise qué era lo que a los ocho o diez años le gustaba hacer con pasión o a qué le gustaba jugar, se dio cuenta de que juga- ba apasionadamente al" quemado". Enseguida adujo que eso no tenía relación alguna con su tarea actual. Pero yo la alenté a descubrir la imagen subyacente al" quemado". En ese juego los miembros del equipo se lanzan la pelota unos a otros. Ésta es una imagen maravillosa de su labor directiva. En lugar de imitar a sus colegas hombres, ella debería dirigir el colegio de tal modo que todos puedan jugar, que los colegas y los alumnos se pasen la pelota y todos jueguen.

Un jefe de personal me contó que cuando era niño le encantaba construir aviones ultralivianos y que en su juventud había piloteado planeadores. Se acordó de que su instructor siempre había puesto énfasis en que el diseño del avión debía estar adaptado al vuelo perfectamente, y no se debían agregar piezas innecesarias que dificultaran su vuelo. Cuando lo contó, descubrió allí mismo una imagen para su tarea. No necesita invertir tanta energía para que su empresa tome el rumbo acertado. Es mucho mejor visualizar la imagen del planeador, que requiere muy poca fuerza para acomodarse a los vientos. Entonces vuela por sí mismo en la dirección correcta. Seis meses después ese hombre me escribió una carta. Había logrado experimentar que las reuniones de trabajo le resultaban más sencillas. Ya no se situaba bajo la presión de lograr que la reunión sea provechosa cueste lo que cueste. Sólo precisaba un cierto olfato para intuir el momento en que tan sólo con un pe- queño movimiento se puede torcer el rumbo en la dirección óptima. Me explicó que haber distendido la relación con su equipo de trabajo "produjo un notable incremento de la propia responsabilidad y creatividad". Así pudo expe- rimentar que en su trabajo se hallaba ahora plasmada la imagen de su sueño de vida, con lo cual todo le pareció más sencillo y redundó en bendiciones para la compañía. Algo comenzó a fluir dentro de la empresa, porque su energía volvió a circular a través de su sueño de vida.

Un gerente de banco me contó que había crecido en medio del campo. De niño se había ocupado del jardín, del cuidado minucioso de las plantas y había sido testigo del lento crecimiento de los pequeños animales. En el banco le recriminaban que exigía demasiado poco a los colaboradores, que no los colocaba bajo suficiente presión. Pero los superiores le estaban pidiendo algo contrario a su forma de ser. Cuando nos contó su sueño de vida y los demás participantes enriquecieron la narración con sus aportes, adquirió súbitamente nueva autoestima. Ya no quiso cumplir más con las expectativas de sus superiores. Su tarea consistía mucho más en servir a la vida y acom- pañarla con cuidado y atención. Si él permanece fiel a su sueño de vida, los colaboradores crecerán realmente. No expresarán actitudes de resistencia; permitirán que él los dirija de modo tal que se sientan fortalecidos y mejores. Descubrió que al promover las habilidades y los puntos fuertes de los colaboradores, en lugar de exprimirlos y exigirles por demás, su trabajo se proyecta a más largo plazo que el de otros colegas.

En el primer capítulo les había contado que cuando era niño yo quería ser albañil. Esta imagen sigue siendo importante hoy para mí. Quiero construir una casa por medio de las palabras –conferencias, libros–, una casa en donde las personas se sientan a gusto, en la que puedan descansar, en la que puedan ser ellos mismos y de la que partan fortalecidos a su vida cotidiana.

Ambrosio, Padre de la Iglesia latina, afirma que la palabra es la casa del espíritu. Construimos una casa con palabras; la cuestión es si se trata de palabras que abrigan o son frías. Con palabras frías construiremos una casa fría en donde las personas no se sienten a gusto y de la que quieren huir de inmediato. Sólo si construimos una casa tibia con nuestras palabras, la gente querrá instalarse en ella y conectarse consigo misma. La casa donde habita la palabra los hace retornar nuevamente al mundo fortalecidos, con coraje, erguidos y con nuevas imágenes en su corazón, con imágenes que les ofrecen vida.

Una mujer tenía la sensación de que su verdadero sueño de vida se había hecho trizas porque la vida la había colocado frente a otras obligaciones. Cuando le pregunté qué era lo que más le gustaba hacer de niña, cuál era su juego preferido, me contó que le fascinaba estar con otros niños y que había dirigido grupos con entusiasmo. Al comparar este recuerdo con su vida actual, se dio cuenta de que no estaba tan lejos de su sueño de vida. Ese recuer- do le transmitió fuerzas para no abandonar su trabajo y continuar haciendo lo que hacía hasta entonces, con otra imagen y otras asociaciones. Descubrió que también en la actualidad su punto fuerte es la habilidad para reunir a las personas y juntos dar forma a un proyecto y ponerlo en marcha. El recuerdo de su sueño de vida original la conectó con el potencial latente en su alma. No estaba completamente sepultado, tan sólo pugnaba por ser percibido y vivido de manera más consciente.

Aquel hombre que cuando era niño admiraba al la- drón Hotzenplotz, no se convirtió en un revolucionario, sino que se dedicó al cuidado de los enfermos en un hos- pital. Su sueño de vida lo había llevado a sensibilizarse con las personas marginadas. Incluso podía hacerse cargo de esos pacientes difíciles que los demás rechazaban, y hacerles bien. Tenía olfato, además, para detectar qué colaboradores eran sometidos por otros, e intentaba que se los tratara con justicia, como corresponde.

Una mujer contó que de niña le gustaba saltar los charcos, pero enseguida minimizó la relevancia de este re- cuerdo. No puede vérselas con eso hoy. Eso no es ningún sueño de vida. Pero los demás le dijeron que todavía refleja algo de esa ligereza que hay en los saltos. No se queja de las dificultades, sino que trata de saltar por encima de las contrariedades, sabe manejar situaciones difíciles con toda ligereza, y ésa es una imagen bella. A veces necesitamos que otras personas nos señalen el significado de nuestros propios sueños de vida.

Si nuestros sueños de vida se han roto, una vez superado el pesar por ese quebranto y habiéndonos despedido de esas ilusiones, la tarea consistirá en conectarnos con el sueño original. Quizás habíamos interpretado el sueño de un modo demasiado estrecho. Quizá creímos que sólo se podía concretar en tal profesión, con tal pareja, mediante tal tarea. Pero la vida nos mostró que no se puede seguir por esa vía. Entonces no se ha roto nuestro verdadero sueño de vida, sino la imagen que nos habíamos hecho de él. Sería hora de mirar nuevamente y con mayor detenimiento el sueño de vida original, meditarlo y preguntarnos qué significaba realmente y cómo podemos realizarlo hoy de un modo nuevo, tras su aparente derrumbe. Y esta esencia se puede hacer realidad también hoy, aunque de manera diferente de aquella que había imaginado en mi niñez o juventud.

La mujer que tuvo el sueño de encontrar un compañero para compartir la fe y transmitirla a sus hijos descubrió, tras el fracaso de su matrimonio, que había confundido la fe con un apego a la atmósfera creyente reinante en su casa paterna. En realidad, quería reproducir la casa de sus padres. Pero los sueños de vida no son copias: se ajustan a nuestros anhelos más profundos. Así, se propuso repensar su fe de un modo nuevo. ¿Cuál era ese anhelo más hondo que se escondía en su sueño de vida? No se trataba solamente de imitar la fe de sus padres, sino de vivir a partir de la fe. Pero fe es más que seguridad. La fe es también un camino. Abraham, imagen original de la fe, expresó su fe saliendo de su tierra, de la ciudad paterna, de la patria. Debió abandonar el pasa- do, los sentimientos pretéritos, la seguridad de la niñez, para ponerse en camino hacia lo desconocido. La fe es un peregrinaje hacia Dios. Pero Dios no es el conocido de siempre, sino el totalmente otro. A menudo la palabra "Dios" nos evoca todo aquello que era valioso en nuestra infancia. Eso también es algo bueno. La palabra nos pone en contacto con experiencias religiosas de mucho valor. Sin embargo, en la palabra" Dios" resuena al mismo tiempo el riesgo de ponernos en marcha hacia lo desconocido. Dios es conocido y desconocido. Tenemos una idea de Él. Pero es siempre el inasible, que jamás podremos atrapar. Así, el sueño de vida roto fue para esa mujer una opor- tunidad de profundizar y renovar su fe. De esta manera, y a través del derrumbe de su sueño de vida, accedió a la esencia escondida de su sueño de vida original, al anhelo de creer verdaderamente, vislumbrar algo del misterio de la fe y ponerse en camino hacia Dios.

Una mujer relató el sueño de vida que tenía en su juventud. Consistía en ser creativa y desarrollar su habilidad para la escritura. Quería ser escritora, pero las circunstancias externas se lo impidieron. Debió dedicar sus esfuerzos a otras cosas. Su sueño de vida original se despedazó. Pero una vez que elaboró el duelo se dio cuenta de que su habilidad no se había desvanecido. Ya no podría ser escritora, era demasiado mayor para eso, pero la creatividad estaba aún presente en ella. Y de repente tuvo nuevamente ganas de aplicar su don para el lenguaje allí donde trabajaba. Si bien no podía comenzar una carrera de escritora, volvió a creerse capaz de escribir aquello que pensaba. Y quizás alguna vez algo surgirá a partir de eso, diferente de lo que había pensado en su juventud, pero que será sin duda fecundo de un modo nuevo y rico en bendiciones.

Nunca es demasiado tarde para conectarse con los antiguos sueños de vida. No los podremos realizar uno por uno. No obstante, existen caminos para hacer realidad la esencia del sueño en cada etapa de la vida. Por eso es importante preguntarse por su esencia real. En ocasiones hemos pensado nuestros sueños de vida de forma demasiado concreta. Cuando éste fracasa o lo dejamos de lado, a menudo anida en nosotros la sensación de que hemos pasado de largo por nuestra vida. Quizás en ocasiones no hayamos vivido de modo auténtico. Sin embargo, hemos vivido. Y algo siempre ha germinado en nuestra vida. En cuanto nos volvemos conscientes de que hemos pasado de largo por nuestra vida, podemos corregir el rumbo. Y entonces la tarea consistiría en mirar nuestra vida a la luz de nuestro sueño de vida original. Así descubriremos cómo conectarnos mejor hoy con nuestra verdadera esencia y cómo hacer realidad nuestro sueño de un modo acorde con nuestra situación actual.

En lugar de recriminarnos no haber hecho realidad nuestro sueño de vida, deberíamos tener presente que todas las experiencias que hemos transitado desde nuestra infancia, incluso las experiencias de distanciamiento, los fracasos, el ser cercenados de nuestro verdadero sí-mismo *(Selbst)*, fueron importantes a fin de que podamos hoy se- guir la huella de nuestro sueño de vida y vivirlo del modo en que Dios nos cree capaces. Si seguimos lamentando haber omitido esto o aquello, o haber pasado de largo delante de nuestros sueños, quedaremos atrapados en la negación de la vida. Y aquello que nos reprochamos nos impedirá vivir lo que está en nosotros.

Cuando el sueño de vida originario despierta nue-vamente en nosotros, ya sea a través de una enfermedad o una crisis, un sueño o una depresión, o a través del encuentro de un libro o un pensador, surge en nosotros a menudo una fuerte corriente de energía. Este impulso es un buen criterio que nos permite advertir que no estamos frente a ilusiones, sino que nos hemos conectado con nuestro verdadero sueño de vida. A veces nos sentimos atraídos por libros muy específicos. A menudo esto sucede por una intuición interior que nos indica que ese libro nos servirá ahora o nos pondrá en contacto con el sueño de vida originario. Es bueno escuchar estos impulsos interiores. Tal vez nos encontramos con alguien que nos habla acerca de su tarea de vida o de un proyecto interesante. O bien se nos ocurre súbitamente una idea para comenzar con un proyecto que estaba latente en nuestra alma desde hacía mucho tiempo y que siempre habíamos descartado basándonos en argumentos racionales. Cada vez que en un encuentro, al ver una película o tener una vivencia percibimos una fuerte corriente de energía en nosotros, es señal de que estamos conectados con nuestro sueño de vida originario.

No deberíamos desoír este impulso. Algunas veces esta energía puede manifestarse con signos negativos, como, por ejemplo, una depresión. Esto nos obliga a observar con mayor precisión por qué nuestra alma reacciona con tristeza. Quizás estemos tristes porque nos acordamos de que hemos pasado por alto nuestro sueño originario. La depresión nos impide seguir evitándolo. Ahora es el momento de dedicarnos nuevamente a nuestro sueño de vida originario y hacerlo realidad de un modo acorde con nuestro presente.

Capítulo 5

=>

El sueño de Dios para el ser humano

Si queremos descubrir el sueño que Dios tuvo de nosotros, es útil meditar el sueño de Dios hecho hombre en Jesucristo. Al observar la vida de este hombre, cómo habló, pensó y se comportó, descu- brimos nuestras propias posibilidades. Al mismo tiempo, debemos escuchar dentro de nosotros mis- mos y estar atentos a cuándo surge una resonancia. Allí donde estamos en paz con nosotros mismos, allí donde algo florece en nosotros, donde hay algo vivo, allí estamos en contacto con el sueño de Dios para nosotros.

No solamente el ser humano tiene sueños de vida. Dios también tiene un sueño de nosotros. Antes de que una persona sea concebida, Dios la ha soñado. La tradición espiritual expresó por medio de diversas imá- genes este sueño de Dios para cada uno de los hombres. Romano Guardini dice que Dios le pronuncia a cada hombre una contraseña. Y nuestra tarea consiste en hacer perceptible en este mundo esa palabra única que Dios dice sobre mí.

Tomás de Aquino nos presenta otra figura: cada hombre es una manifestación particular de Dios. Hay algo divino que sólo puede expresarse por mi intermedio y que los demás sólo puede vivir por mi intermedio. No puedo describir con exactitud la palabra que Dios pronuncia sólo para mí y la imagen que él realiza en mí. Pero cuando estoy en armonía interior, cuando estoy en paz conmigo mismo y la vida fluye, estoy en contacto con la contraseña y con la imagen original de Dios en mí.

El sueño de Dios para cada uno de los hombres

Dios tuvo un sueño. Soñó la creación. Y la creó. Creó los cielos y la tierra, las flores y los prados, los árboles y los bosques, las sierras y montañas, los ríos y mares, los peces y las aves, los insectos y los mamíferos. Pero algo le faltó a Dios en su sueño. Soñó al ser humano a su imagen y semejanza. Creó al hombre varón y mujer. Pero el ser humano empañó esa imagen que Dios hizo de él. Se distanció de Dios. Huyó de él, y así huyó también de sí mismo. Se separó de su propio origen. No vivió de cara a Dios: se escondió de él. Se ensimismó. Cerró las puertas de su corazón y ya no le permitió a Dios el ingreso. No sólo abandonó la comunión con Dios, sino que también se volvió contra sí mismo y contra sus hermanos y hermanas. Se extravió y quedó enredado en la maraña de sus propias mentiras.

Entonces Dios volvió a soñar su sueño. Soñó con la forma aquella que había soñado originalmente para el ser humano. Hizo realidad su sueño y dispuso un nuevo comienzo. Envió a su propio Hijo, imagen de su gloria, que se hizo hombre. "El Hijo único, que es Dios y está en el seno del Padre" (Jn. 1, 18), que debió hacerse hombre como nosotros y volver a realizar la imagen originaria del ser humano. Él mostró a los hombres cómo podrían llegar a ser si viviesen desde la unión con Dios. Tuvo que recordarles su origen divino, el germen divino que llevan en sí, pero que habían empañado con sus pecados. En cada fiesta del año litúrgico celebramos el sueño de Dios, tal como se hizo visible en Jesucristo. Celebramos al hombre tal como resplandeció en su más pura esencia en Jesús. En cada celebración eucarística estamos frente al sueño que Dios soñó en Jesucristo. Celebramos el camino de Jesús a fin de entrar en contacto con nuestro propio sueño y con el sueño de Dios para cada uno de nosotros.

Si queremos descubrir el sueño que Dios tuvo de nosotros, es útil meditar el sueño de Dios hecho hombre en Jesucristo. Al observar la vida de este Jesús hombre, de qué manera Él habló, pensó y se comportó, descubrimos nuestras propias posibilidades. Al mismo tiempo debemos escuchar dentro de nosotros mismos y estar atentos al instante en que surge una resonancia. Allí donde estamos en paz con nosotros mismos, allí donde algo florece en nosotros, donde hay algo vivo, allí estamos en contacto con el sueño de Dios para nosotros. Allí coinciden nuestro propio sueño de vida y el de Dios. Cuando descubrimos ese sueño somos sanados. Vivimos realmente nuestra propia vida en lugar de vivir desde las expectativas del exterior.

Dios soñó en Jesucristo el sueño del verdadero ser humano. Pero este Jesús también procuró a lo largo de su vida que los hombres redescubrieran su sueño de vida original. Eso se ve especialmente en el evangelio de Lucas. Lucas habla de la *doxa theou*, de la gloria de Dios, que debe resplandecer en nosotros. *Doxa* también significa la forma originaria, la imagen original que Dios hizo de nosotros. En el relato de la transfiguración (Lc. 9, 28-36), Lucas dice que Jesús fue transfigurado cuando se hallaba en oración. Su rostro cambió de expresión. Se transformó. Transformación y transfiguración siempre significan volver a lo real, a lo original. Esto quiere decir que en la oración nos conectamos con el sueño original que Dios tiene de nosotros. Así puede iluminarse algo en nosotros. Todo lo turbio que palidece nuestra verdadera imagen se aclara y el brillo original de nuestra alma vuel- ve a resplandecer. En el relato de Zaqueo (Lc. 19, 1-10), Lucas explica que este hombre de baja estatura –que seguramente tenía un gran complejo de inferioridad– debe empequeñecer a los demás para poder creer en su grandeza. Y debía exigir mucho dinero a la gente para dar prueba de su valor. Pero de esta manera se aísla cada vez más y es despreciado por todos. Y entonces siente dentro de sí otro anhelo. Quiere ver a Jesús y para eso se trepa a un sicomoro. Jesús se detiene delante de él y lo mira. La palabra griega *anablepein* significa, generalmente, mirar al cielo, mirar a Dios. Aquí Jesús mira al Zaqueo pecador. Ve en él el cielo. Vislumbra su núcleo divino, el resplandor original que le viene de Dios. Y porque Jesús vio el sueño de Dios en este hombre que tanto se había embrutecido.

Zaqueo entra en contacto con su sueño de vida originario. Ahora ya no necesita todo ese dinero, y lo reparte a los pobres. Ahora se hace muchos amigos. Celebra un festín con sus antiguos camaradas, al que el mismo Jesús se invitó. Jesús le dice: "Hoy ha llegado la salvación a esta casa, ya que este hombre es un hijo de Abraham" (Lc. 19, 9). Jesús lo condujo a conectarse con su imagen original, con el sueño que Dios había tenido de él.

Luego de la resurrección Jesús se aparece en medio de sus discípulos y les dice:" Soy yo mismo" (Lc. 24, 39). *Autos* es, para los filósofos griegos, la santidad interior, el ám- bito sacro del verdadero sí-mismo *(Selbst)*. Resurrección significa, entonces, que Jesús se trasformó por completo en sí mismo. Pero también significa para nosotros que tras la muerte y en la resurrección nos conectamos con el verdadero sí-mismo *(Selbst)*, aunque ya desde ahora nosotros, que celebramos una y otra vez la resurrección, resurgimos a nuestro verdadero sí-mismo *(Selbst)*, al sueño que Dios tuvo de nosotros. Si alcanzamos el fon- do de nuestra alma habiendo atravesado los duelos y las despedidas de nuestros sueños rotos, descubrimos allí el verdadero sí-mismo *(Selbst)*. Un recurso para descubrir este sí-mismo *(Selbst)* puede consistir en sentarse a medi- tar y en cada respiración decir:" Soy yo mismo". Al inspirar digo en silencio "soy" y al exhalar digo "yo mismo". Con cada respiración atravieso más profundamente el nudo de dolor que hay en mi pecho y atisbo que por debajo de ese nudo yace el ámbito sacro del *autos*, del verdadero sí-mismo *(Selbst)*. Al decirme una y otra vez estas palabras barrunto quién soy en realidad. Ya no lo puedo describir. Pero experimento en mí una honda libertad interior. No debo ponerme a prueba. No debo justificarme ante nadie. Puedo sencillamente ser. Soy simplemente yo mismo. Me pongo en contacto con el sueño originario que Dios tuvo de mí. Eso me brinda paz, vitalidad, libertad y aper- tura. Toda la presión que me impongo y toda la presión que otros ejercen sobre mí desaparece. Y me doy cuenta de que, en lo más profundo, estoy en sintonía conmigo mismo. Esta experiencia me dota de una energía nueva. De repente tengo ganas se ser yo mismo y hacer que se vuelva realidad mi sueño originario de la vida, el sueño que Dios mismo soñó para mí. Para ello no necesito justi-ficarme frente a nadie o defenderme, y no debo explicar a nadie por qué vivo así y no de otra manera. Simplemente vivo. Esto me libera y me permite vivir de modo auténtico delante de Dios, en sintonía interior conmigo mismo.

Jesús tiene en cuenta que sólo arribamos a este ver-dadero sí-mismo *(Selbst)* una vez que se han roto muchas de las ilusiones que nos habíamos hecho de la vida. To-dos tenemos la ilusión de ser grandes y poderosos. Los discípulos de Emaús proyectaron en Jesús las ilusiones de su vida. Creyeron que era un "poderoso en obras y en palabras delante de Dios y de todo el pueblo" (Lc. 24, 19). Eso reflejaba la propia imagen de sí mismos. Querían también ser poderosos, exitosos, queridos por todo el pueblo y reconocidos por Dios. Pero la muerte de Jesús en la cruz no sólo destruyó su imagen de Jesús, sino también su propia imagen ilusoria. Jesús les da la clave para que, a pesar del sueño de vida roto, puedan llegar a su verdadero sí-mismo *(Selbst)*: "¿No era necesario que el Mesías soportara esos sufrimientos para entrar en su gloria?" (Lc. 24, 26). Esto se lo podría traducir de la siguiente manera: ¿Acaso no debían romperse todas las imágenes que tenías de ti mismo para que hallaras la imagen original que Dios hizo de ti, para que te conviertas en la forma aquella que se ajusta a tu verdadera esencia? Debemos convertirnos en la forma que Dios soñó de nosotros a través de todas las adversidades de la vida, a través de todo lo que contraría nuestros planes de vida.

El sueño de Dios para la comunidad humana

Dios no solamente tiene un sueño para cada uno de los hombres, sino también para la comunidad humana toda. Dios le muestra al profeta Isaías por medio de una visión cuál es su sueño de la verdadera Jerusalén. Todos los pueblos se trasladarán a la montaña sagrada en Jerusalén: "Porque de Sión saldrá la ley y de Jerusalén la palabra del Señor" (Is. 2, 3). Los hombres vivirán en paz unos con otros, escucharán juntos la Palabra de Dios y la obede- cerán. Al final del evangelio de Mateo Jesús se refiere a este sueño de Dios acerca de un mundo que se ordena a Él. Pues el Resucitado envía a los discípulos por todo el mundo para que todos los pueblos se hagan discípulos suyos: "... enseñándoles a cumplir todo lo que yo les he mandado. Y yo estoy con ustedes hasta el fin del mundo" (Mt. 28, 20). Los discípulos deben reunir en el nombre de Jesús a todos los hombres en una sola comunidad regida por Dios. El Espíritu de Jesús no debe solamente estar presente en cada uno de los hombres, sino en el mundo entero. En el libro de los Hechos de los Apóstoles, Lucas nos revela cómo es la comunidad que Dios se imagina."La multitud de los creyentes tenía un solo corazón y una sola alma. Nadie consideraba sus bienes como propios, sino que todo era común entre ellos" (Hech. 4, 32). Para Lucas ésa es una prueba de que el Reino de Dios realmente está entre nosotros. El Reino de Dios está en cada individuo. Se manifiesta también en una nueva forma de convivencia, en la convivencia de pobres y ricos, de judíos y griegos, de hombres y mujeres, de jóvenes y ancianos.

El sueño que Dios tiene de la humanidad se refleja también en los sueños que los hombres tienen del mundo. Siempre hay personas que se comprometen con este sueño divino de una comunidad de pueblos. Dag Hammarskjöld, el político y místico sueco, soñaba con que los pueblos vivieran juntos en paz. El luchador por los derechos civiles y pastor bautista estadounidense Martín Luther King soñó con un camino conjunto para negros y blancos. Apeló de manera consciente al sueño de Jesús de la igualdad de todos los hombres: "Hace 2.000 años una voz desde Belén dijo que todos los seres humanos son iguales". Cumple la palabra de Jesús amando también a aquellos que lo combaten y persiguen a sus amigos: "Seguiremos apelando a vuestra alma y vuestro corazón el tiempo que sea necesario, hasta que los ganemos para nosotros". Esta clase de sueños hicieron que el mundo progrese realmente. Y dotaron al soñador de una fuerza tal que, finalmente, pudo superar todos los obstáculos sin violencia. Que el actual presidente de los Estados Unidos de Norteamérica3 sea un hombre de color constituye el cumplimiento del sueño que pregonara Martin Luther King. Por supuesto, debemos preguntarnos si nuestros sueños del mundo se ajustan al sueño de Dios. Martin Luther King se preguntó esto en su oración. Vio con cla- ridad en la oración que su sueño se correspondía con el sueño que Dios tenía del mundo. Así, oración y encuentro con Dios, por un lado, y su sueño del mundo, por otro, fueron para él la fuente de la que manó su compromiso político.

Muchos santos tuvieron el sueño de una convivencia renovada. San Benito soñó con una comunidad de monjes que busquen verdaderamente a Dios, que no prefieran a nadie antes que a Cristo y que configuren el mundo en el Espíritu de Jesús a través de su servicio a Dios y a los hombres. Su sueño lo impulsó a fundar una pequeña comunidad en medio del caos del período de la migración de los pueblos. Esta comunidad se arraigó por varios siglos en Montecasino, y dio más tarde origen

---

3   Se refiere a Barak Obama (N. del T.).

a otras comunidades que se convirtieron en fuente de esperanza para su entorno, esperanza de la posibilidad de una nueva convivencia. El papa Juan XXIII soñó con la renovación de la Iglesia y halló el coraje para abrir de par en par sus ventanas a fin de que fluya en ella un espíritu nuevo. El monje trapense Thomas Merton soñó con el diálogo entre las religiones. En su camino místico se sintió interiormente unido a los monjes Zen del Japón. Se consideró un trabajador fronterizo que trasciende las fronteras entre las religiones y busca lo común, Dios, que habita en el fondo del alma de cada ser humano. El sue- ño de Thomas Merton acabó en un trágico final durante un seminario para monjes cristianos y no cristianos en Bangkok. Pero prosigue en el diálogo que desde entonces mantienen los monjes cristianos, budistas e hinduistas en la búsqueda del totalmente otro, el Dios inasible.

El cumplimiento de nuestro sueño de vida en la muerte y después de la muerte

Muchas personas no han vivido para presenciar el cumplimiento de aquellos sueños de vida en que quisieron cristalizar el sueño de Dios para el mundo. Martin Luther King fue asesinado, al igual que el presidente J. F. Kennedy o Mahatma Gandhi. Thomas Merton murió en el sitio en donde se había hablado de su sueño de la comunión de las religiones. Todos esperaban que su sueño se hiciera realidad alguna vez. Se consideraron herramientas para llevarlo a cabo. Pero al mismo tiempo sabían que su realización no dependía solamente de ellos, sino en última instancia de Dios. La confianza en Dios les permitió luchar por el sueño con la certeza de que, si su sueño era fiel reflejo del sueño de Dios para el mundo, Él en algún momento lo haría realidad.

Lo que se aplica a los sueños de Dios para el mundo vale también para nuestros sueños de vida personales, en los que se refleja el sueño de Dios para nosotros. Mientras estemos vivos debemos ir tras ese sueño e intentar materializarlo. Pero a la vez sabemos que jamás lo cumpliremos acabadamente. Siempre quedaremos un paso por detrás de nuestros sueños. Esto no es una vana promesa, sino un verdadero consuelo de que Dios cumplirá nuestro sueño de vida con nuestra muerte. Allí resplandecerá en toda su claridad y verdad la imagen particular y única que Dios soñó de nosotros. Esta promesa nos otorga el coraje y la confianza para realizar nuestros sueños aquí y ahora. Y al mismo tiempo nos libera del temor de si podremos o no cumplirlos de modo adecuado. La confianza en que Dios realizará nuestro sueño de vida y su sueño sobre nosotros a la hora de nuestra muerte nos libra de la presión a la que a menudo nos sometemos. Nuestro sueño de vida nos impulsa mientras estamos vivos. Pero estamos libres del peso de tener que vivir su concreción aquí y ahora. Precisamente las personas que se enferman a menudo tienen temor de que su sueño de vida haya sido tan sólo una ilusión. Y quienes han vivido el desgarro de su sue- ño de vida no pueden creer que alguna vez éste se hará realidad. Dios cumplirá nuestro sueño de todos modos, quizá no aquí en la tierra, pero con seguridad a la hora de nuestra muerte. Allí ese sueño no será visible sólo para nosotros, sino también para las personas que nos rodean. Cuando en nuestra muerte Dios haga resplan- decer en toda su claridad y pureza la imagen originaria que soñó de nosotros, también las personas que hemos dejado se darán cuenta quiénes somos realmente y cuál era el sueño que buscamos realizar a lo largo de nuestra vida, y que muchas veces no pudimos mostrar de manera adecuada.

Conclusión

=>

Todos hemos tenido algún sueño sobre cómo sería nuestra vida. Nos hemos soñado en nuestra particularidad. Las imágenes del sueño de vida se han formado en el alma, de modo tal que ésta se asemeja cada vez más a él. Todos tenemos también un sueño acerca de cómo será la vida a nuestro alrededor, qué rumbo tomarán nuestra familia, la comunidad, la empresa, la parroquia, en fin, cómo debería ser el mundo en su totalidad. Estos sueños nos mantienen vivos. Nos impulsan a trabajar sobre nosotros para ser más auténticos y transparentes. Y nos impulsan a impregnar el mundo con nuestro sueño de vida para que se ajuste más y más al sueño que Dios tiene de la comunidad humana.

A menudo tenemos la impresión de que nuestros sueños de vida eran bellos, pero que no los hemos realizado en nuestra vida. Para muchos es doloroso conectarse con sus sueños originarios. Pero incluso cuando tenemos la sensación de que nuestra vida pasó de largo por nuestros sueños, deberíamos ocuparnos de nuestros sueños de vida originarios. Éstos renovarán el aquí y ahora de nuestra vida. Nos ponen en contacto con nuestro verdadero *Selbst*, con el niño divino en nosotros que sabe exactamente qué es lo apropiado y qué nos conduce a la vida. A pesar de todo el dolor por los sueños rotos, deberíamos meditar y pensar que aquello que soñamos cuando niños todavía está en nosotros. Nunca es demasiado tarde para volver a aco- plarnos a los sueños de vida. Ya no los podremos realizar del modo que deseábamos cuando niños. Pero cuando les hacemos sitio descubrimos cuáles son las posibilidades que nos aguardan hoy para vivir nuestro verdadero *Selbst*, para delegar el mando al niño divino en nosotros. Entonces nuestra vida será fecunda aquí y ahora. Experimentaremos una energía nueva, desparecerá el cansancio que se hacía presente porque estábamos viviendo contra nuestro ver- dadero *Selbst*, en contra del niño divino en nosotros, en contra de nuestro sueño de vida.

Cuando nos volvemos a conectar con nuestro sueño de vida nuestra vida cobra sentido. Nos aunamos con nuestra verdadera esencia. Nos conformamos a aquello que somos. Y sentimos que tenemos aquí y ahora una misión en este mundo. Si dejamos en este mundo la huella de nuestro sueño de vida, y a través de él, la del sueño que Dios tiene del mundo, entonces colaboramos en su configuración, sentimos que nuestra vida vale, que por medio de nuestros sueños hemos cooperado en la construcción de este mundo y lo hemos hecho un poco más humano y claro.

Así te deseo, querida lectora, querido lector, que te pongas en busca de tus sueños de vida y que descubras de qué manera puedes hacerlos realidad hoy de un modo nuevo en tu situación, a tu edad, luego de todos los quiebres que has vivido. Si logras descubrir la realidad que se esconde tras las imágenes de tu sueño, te volverás más auténtico. Y siendo tú mismo te sentirás más libre. La presión que llevó a vivir conforme a imágenes ajenas se desvanecerá. Y descubrirás de repente que tú, tal como eres, constituyes una bendición para los hombres de tu entorno y para el mundo entero.

9 798869 140869